|알|기|쉬|운|

명심보감

明

心

寶

鑑 해동한자어문회 편

머리말

명심보감明心寶鑑은 '마음을 밝게 하는 거울'이라는 뜻으로 성현聖賢들의 주옥 같은 금언金言과 교훈이 되는 명구名句를 발췌하여 모은 인격 수양서이다.

명심보감은 현대인의 교양서로써 한 번쯤은 반드시 읽어볼 만한 책이다.

명심보감明心寶鑑은 고려 충렬왕忠烈王때, 문신이었던 추적秋適 선생이 중국의 오랜 고전에서부터 송대에 이르기까지의 문헌을 모아 편찬한 책으로 일찍이 청소년 교육을 위하여 널리 읽혀 왔다.

명심보감明心寶鑑은 글귀도 물론 좋지만 현대인들이 한문 공부를 하는 데도 이만한 책이 없다 싶을 정도로 내용도 간결하고 그다지 어려운 글자가 없어서 한자를 익히고자 하는 분들에게 더할 수 없이 좋은 교재가 될 것이다. 이 책을 통해 많은 사람들이 인격을 수양하여 인류의 역사와 문화발전에 기여하는 지성인이 되기를 바란다.

차례

계선편	繼善篇	7
천명편	天命篇	17
순명편	順命篇	25
효행편	孝行篇	31
정기편	正己篇	37
안분편	安分篇	65
존심편	存心篇	72
계성편	戒性篇	93
근학편	勤學篇	105
훈자편	訓子篇	115
성심편	省心篇	125
입교편	立教篇	211
치정편	治政篇	231
치가편	治家篇	243
안의편	安義篇	251
준례편	遵禮篇	255
언어편	言語篇	263
교우편	交友篇	269
부행편	婦行篇	279

계선편

繼善篇

끊임없는 선행을 가르치는 글

'끊이지 않고 선을 이어가라는 의미'의 글이다. 악을 행하기는 쉬워도 끊임없이 선을 행하려면 노력이 필요한 것이 인간의 속성이다. 선은 남을 위해서라기보다 나 자신을 위한 것임을 깨닫고 힘써 행해야 할 것이다.

原文

子曰『爲善者는 天報之以福하고
爲不善者는 天報之以禍니라』

자왈 위선자 천보지이복
위불선자 천보지이화

直譯

공자가 말씀하시기를
"선을 행하는 자에게는 하늘이 복으로써 갚으며, 선하지 못한 자에게는 하늘이 이를 화로써 갚느니라."

解說

선을 행하는 이는 하늘이 스스로 돌보아 주고, 악한 일을 하는 이에게는 하늘이 스스로 이에 합당한 벌을 내린다는 것이다.

註

공자(孔子:서기전 552~479)
중국 춘추(春秋) 시대 노(魯)나라의 대학자·정치가. 유교의 아버지로 세계 3대 성인의 한 사람이다. 이름은 구(丘), 자(字)는 중니(仲尼).

訓音讀

爲 할 위　　善 착할 선　　報 갚을 보
福 복 복　　之 이 지　　以 써 이
禍 재앙 화

原文

漢_한昭_소烈_열이 將_장終_종에 勅_칙後_후主_주曰_왈『勿_물以_이善_선小_소而_이
不_불爲_위하고 勿_물以_이惡_악小_소而_이爲_위之_지니라』

直譯

한나라의 소열제는 임종에 즈음하여 후주(유선 : 劉禪)에게 칙어를 남겨 가로되, "선이 작다고 해서 이를 행하지 아니해서는 안되며, 악이 작다고 해서 이를 범해서는 안 되느니라."

解說

선행은 비록 작다고 하더라도 거부하지 말 것이며, 악행은 비록 작다고 해도 이를 거부해야 할 것이라고 가르친다.

註

한(漢)
고대 중국의 나라 이름으로 여기서는 촉한(蜀漢)을 가리킨다.

소열(昭烈)
중국 촉한(蜀漢)의 초대왕, 성은 유(劉), 이름은 비(備), 字는 현덕(賢德)이며, 소열은 諡號.

訓音讀

昭 밝을 **소**   烈 매울 **렬**   將 장차 **장**
終 마칠 **종**   勅 칙서 **칙**   後 뒤 **후**

9　계선편

原文

莊子曰
『一日不念善이면 諸惡이 皆自起니라』

直譯 장자가 말하기를,
"하루라도 선을 생각하지 않는다면 모든 악이 저절로 일어나느니라."

解說 단 하루라도 착한 일을 생각하지 않으면, 악한 생각이 스스로 일어나 인간의 생각을 흐리게 한다.

註 장자(莊子: 서기전 365~290)
중국 전국(戰國) 시대의 송(宋)나라 사람으로 이름은 주(周).

訓音讀
念 생각할 념   善 착할 선   諸 모두 제
惡 악할 악   皆 다 개   起 일어날 기

原文

太公(태공)이 曰(왈)『見善如渴(견선여갈)하고 聞惡如聾(문악여롱)하라』
又曰(우왈)『善事(선사)란 須貪(수탐)하고 惡事(악사)란 莫樂(막락)하라』

直譯

태공이 말하기를,
"선을 보거든 갈증난 것 같이 하고 악을 듣거든 귀머거리와 같이 하라." 또 가로되, "착한 일은 모름지기 탐내어 하고 악한 일은 즐겨하지 말지어라."

解說

선악에 대한 태도를 가르치는 것으로, 반대로 생각하면 해야 할 일과 하지 않아야 할 일에 대한 개념을 파악할 수 있을 것이다.

註

태공(太公) 중국 주(周)나라 초기의 현자(賢者)로 성은 강(姜), 이름은 여상(呂尙)이라 한다. 서기전 1122년 지금의 중국 산둥성(山東省) 태생이며 위수(渭水)가에서 낚시질을 하다가 문왕(文王)에게 기용되었다는 전설이 있다.

訓音讀

渴 목마를 갈   聞 들을 문   聾 귀머거리 롱
須 모름지기 수   貪 탐할 탐   莫 없을 막

계선편

原文

馬援이 曰『終身行善이라도 善猶不足이요
一日行惡이라도 惡自有餘니라』

直譯
마원이 말하기를,
"일생 동안 선을 행할지라도 선은 오히려 부족하며, 하루 동안 악을 행할지라도 악은 그대로 남아 있느니라."

解說
선행이란 한평생을 두고 행하여도 오히려 그 선행이 모자랄 정도이며, 악행이란 단 한번만 행하여도 두고두고 사라지지 않는다. 선과 악은 상대적 개념이다.

註
마원(馬援: 서기전 11~서기49)
중국 후한(後漢) 사람으로 字는 문연(文淵)이며 광무제(光武帝)를 도와서 티벳족을 정벌하고 남방교지(南方交趾)의 반란 평정, 흉노(匈奴) 토벌 등 많은 무공을 세웠다.

訓音讀
援 구원할 원 　終 마칠 종 　善 선할 선
猶 오히려 유 　餘 남을 여

原文

莊子曰『於我善者도 我亦善之하고
於我惡者도 我亦善之니라 我旣於人에
無惡이면 人能於我에 無惡哉인저』

(독음: 장자왈 어아선자 아역선지 / 어아악자 아역선지 아기어인 / 무악 인능어아 무악재)

直譯

장자가 말하기를,
"나에게 선하게 하는 자에게 나 역시 이에 선하게 하고, 나에게 악하게 하는 자에게도 역시 나는 이에 선하게 할지니라. 내가 이제까지 악하게 하지 않았으니 남도 능히 나에게 악하게 함이 없느니라."

解說

내게 착하게 하든 악하게 하든 나는 이를 상관하지 않고 착하게 대하는 것이 좋다. 폭넓은 대인관계는 살아가는 데에 언제나 도움이 될 것이다.

訓音讀

亦 또 역   旣 이미 기   無 없을 무
能 능할 능   哉 어조사 재

東_{동악성제수훈}岳聖帝垂訓에 曰『一_{일 일일행선}日行善이라도
福_{복수미지}雖未至나 禍_{화자원의}自遠矣오 一_{일일행악}日行惡이라도
禍_{화수미지}雖未至나 福_{복자원의}自遠矣니 行_{행선지인}善之人은
如_{여춘원지초}春園之草하여 不_{불견기장}見其長이라도
日_{일유소증}有所增하고 行_{행악지인}惡之人은 如_{여마도지석}磨刀之石하야
不_{불견기손}見其損이라도 日_{일유소휴}有所虧니라』

直譯 동악성제가 내린 가르침에서 말하기를, ,
"하루 동안 착한 일을 행할지라도 비록 복은 금방 이르지 않으나 화는 저절로 멀어질 것이요. 하루 동안 악을 행할지라도 비록 화는 금방 이르지 않으나 복은 저절로 멀어질 것이니라. 착한 일을 행하는 사람은 봄동산의 풀과 같아서 그 자라는 것은 보이지 않으나 날마다 자라나는 바가 있고, 악을 행하는 사람은 칼 가는

숫돌과 같아서 닳아 없어지는 것은 보이지 않으나 날이 갈수록 닳아 없어지는 것과 같으니라."

解說 선행은 바로 그 보람을 나타내지 않는다. 그러나 날이 갈수록 선행이 쌓여 언제 다가올지 모르는 재앙에서 벗어나게 할 것임이 틀림없다. 자신이 저지른 악은 다가오는 복을 서서히 멀어져 가게끔 만들기 마련이다. 봄날의 새싹은 순간 순간 포착할 수는 없지만, 어느새 자라서 꽃을 피운다. 이러한 자연과 같이 선행의 덕은 순간 순간 보람이 나타나지는 않지만 서서히 쌓여 꽃을 피우고 열매를 맺는다. 숫돌이 닳아서 없어지는 것처럼, 악덕은 바로 느끼지 못하지만 우리의 삶을 조금씩 소멸로 몰고 간다.

註 **동악성제(東岳聖帝)**
도가(道家)에 속하며, 성명과 연대는 미상이나 성현의 한 사람이다.

訓音讀
聖 성인	성	垂 드릴	수	訓 가르칠	훈
雖 비록	수	春 봄	춘	園 동산	원
增 더할	증	磨 갈	마	損 덜	손
虧 이지러질	휴				

原文

子曰『見善如不及하고
見不善如探湯하라』

直譯 공자가 말씀하시기를,
"착한 것을 보거든 아직도 부족함을 깨닫고 착하지 못한 것을 보거든 끓는 물을 더듬는 것 같이 하라."

解說 선은 끝이 없어 언제나 부족한 느낌으로 선행을 할 것을 가르쳐 주고 있다.

訓音讀 見 볼 **견**　如 같을 **여**　及 미칠 **급**
　　　　探 찾을 **탐**　湯 끓을 **탕**

천명편
天命篇

하늘에 순종하는 도덕률을 가르치는 글

하늘의 뜻에 순종한다는 것은 결국 선을 행함에 있다. 선을 버릴 때 그것은 곧 하늘을 버리는 것이 되니 어찌 하늘이 두렵지 않으랴. 따라서 우리는 영원히 하늘의 뜻에 따라 스스로 많은 복을 구해야 할 것이다.

原文

孟子曰『順天者는 存하고
逆天者는 亡이니라』

(맹자왈 순천자 존
역천자 망)

直譯 맹자가 말하기를,
"하늘에 순종하는 사람은 남고 하늘을 거스르는 사람은 망하느니라."

解說 하늘을 따른다는 것은 대자연의 섭리를 거스르지 않는다는 뜻.

註 맹자(孟子) 춘추전국 시대 노나라의 추에서 태어남. 공자의 유학을 더욱 발전시킨 학자.

訓音讀
子 아들 **자**   順 순할 **순**   天 하늘 **천**
存 있을 **존**   逆 거스를 **역**   亡 망할 **망**

原文

康節邵先生이 曰『天聽이 寂無音하니
蒼蒼何處尋이 非高亦非遠이라
都只在人心이니라』

直譯 강절소 선생이 말하기를,
"저 하늘은 고요하여 소리 하나 없이 멀고 아득하니 어느 곳에서 하느님의 들으심을 찾으랴, 높지도 않고 또한 멀지 않은 곳, 모두가 다만 사람의 마음에 있느니라."

解說 푸른 하늘이 있다. 그 하늘은 아무 소리도 내지 않고 그저 푸르기만 하다. 그럼 과연 하늘은 어디에 있는 것일까? 그러나 하늘은 높은 곳에 있지도 않고 먼 곳에 있지도 않다. 하늘은 사람의 마음속에 있기 때문이다.

註 강절소(康節邵 : 1011~1077) 송(宋)나라 때 유학자로 성은 소(邵), 이름은 옹(雍), 字는 요부(堯夫), 강절(康節)은 諡號이다.

訓音讀
康 편안 강 邵 높을 소 聽 들을 청
寂 고요할 적 音 소리 음 蒼 푸를 창
尋 찾을 심 都 도읍 도 只 다만 지

原文

玄帝垂訓_에 曰
『人間私語_{라도} 天聽_은 若雷_{하고}
暗室欺心_{이라도} 神目_은 如電_{이니라}』

直譯
현제가 내린 가르침에서 말하기를,
"사람들의 사사로운 말일지라도 하늘이 들으심에는 우레와 같이 크게 들리고, 어두운 방에서 마음을 속일지라도 신의 눈은 번개와 같으니라."

解說
지나가면서 하는 말 또는 부담 없이 하는 이야기라 할지라도, 하늘을 우러러 한 점 부끄러움이 없는 내용이어야 한다. 은밀히 속삭이는 말도 보이지 않는 누군가가 듣고 있으리라.

訓音讀
垂 드리울 **수**   聽 들을 **청**   若 같을 **약**
雷 우뢰 **뢰**   欺 속일 **기**   電 번개 **전**

原文

益智書에 云

『惡鑵이 若滿이면 天必誅之니라』

直譯 〈익지서〉에 이르기를,
"나쁜 마음이 단지에 가득 차면 하늘이 반드시 천벌로 대할 것이니라."

解說 사람의 마음에 악한 생각이 있으면, 스스로 그 악한 생각에 따른다는 것이다. 대자연의 순리에 역행하면 생존할 수가 없다.

註 익지서(益智書)
송(宋)나라 때에 만들어진 교양(敎養)에 관한 책.

訓音讀
益 더할 익   智 슬기 지   惡 악할 악
滿 찰 만   誅 벨 주   鑵 두레박 관

천명편

原文

莊子曰『若人이 作不善하야 得顯名者는
人雖不害나 天必戮之니라』

直譯 장자가 말하기를,
"만일 어떤 사람이 착하지 못한 일을 하여 이름을 세상에 나타낸 자는, 사람은 비록 해치지 못할지라도 하늘은 반드시 그를 죽일 것이니라."

解說 악덕을 행한 자들이 온갖 부귀를 누린다고 해도 하늘은 이를 그냥 두지 않을 것이다.

訓音讀
得 얻을 득   顯 나타날 현   雖 비록 수
害 해할 해   戮 죽일 륙

原文

_{종 과 득 과   종 두 득 두}
種瓜得瓜요 **種豆得豆**니
_{천 망   회 회   소 이 불 루}
天網이 **恢恢**하야 **疎而不漏**니라

直譯 씨앗이 오이일진대 오이를 얻을 것이요, 콩씨라면 콩을 얻는다. 하늘의 그물은 굉장히 넓어서 성기지만 빠뜨리지는 않느니라.

解說 착한 일을 하면 반드시 선행에 대한 보상을 받으며, 악한 일을 하면 악행에 대한 보복을 받게 마련이다.

訓音讀 瓜 오이 **과**   豆 콩 **두**   網 그물 **망**
　　　　　恢 넓을 **회**   疎 성길 **소**   漏 샐 **루**

23　천명편

原文

子曰『獲罪於天이면
無所禱也니라』

자왈 획죄어천
무소도야

直譯 공자가 말씀하시기를,
"하늘로부터 죄를 얻으면 빌 곳이 없느니라."

解說 나쁜 일을 하면 하늘로부터 반드시 그에 따른 벌을 받는다. 하늘이 내린 벌은 절대적이란 말이다.

訓音讀 獲 얻을 획   罪 허물 죄   無 없을 무
所 바 소   禱 빌 도

순명편
順命篇

운명에 따르는 지혜를 가르치는 글

하늘의 명(命)에 순응해야 함을 말하고 있는 글이다. 하늘의 이치, 자연의 이치를 거스리지 말고 자신의 생(生)을 개척하라는 조언일 것이다. 자신의 본분을 알지 못하고 분수에 넘치는 일을 쫓다가 자신을 망치는 지경에 이르는 일도 종종 보게 되니 말이다.

原文

子夏曰『死生이 有命이오
富貴는 在天이니라』

直譯 자하가 말하기를,
"죽고 사는 것은 명에 있고 부귀를 이룸은 하늘에 있느니라."

解說 자연의 순리대로 살아가자는 말이다.

註

자하(子夏)
성은 복(卜)이름은 상(商). 공자의 제자이며 〈시경〉·〈춘추〉에 조예가 깊다.

訓音讀
死 죽을 사   命 목숨 명   富 부자 부
貴 귀할 귀   在 있을 재

原文

만 사 분 이 정
萬事分已定이어늘

부 생 공 자 망
浮生空自忙이니라

直譯 만사는 이미 분수가 정해져 있는데 덧없는 사람들이 바삐 날뛰느니라.

解說 인간 세상에 일어나는 모든 현상은 어떤 운명적인 결정에 의하여 이미 나타나는 현상대로 규정되어 있으며, 그 규정된 길로 걸어가야 한다는 말이다. 부질없이 안간힘을 써보아도 결정된 운명을 바꿀 수는 없다.

訓音讀
萬 일만 **만**   定 정할 **정**   浮 뜰 **부**
空 빌 **공**   忙 바쁠 **망**

原文

景行錄_에 云

『禍不可倖免_{이요} 福不可再求_{니라}』

直譯 〈경행록〉에 이르기를,
"화는 요행으로 면할 수 없으며 복은 두 번 다시 구하지 못하느니라."

解說 운명적인 재앙은 어떤 요행으로도 피할 수 없다. 그리고 한번 지나간 복은 다시 돌이킬 수가 없다.

訓音讀
禍 재앙 화   倖 요행 행   免 면할 면
再 두 재   求 구할 구

原文

시래풍송등왕각
時來風送滕王閣이오

운퇴뢰굉천복비
運退雷轟薦福碑이니라

直譯 때를 만나면 바람이 일어 등왕각으로 보내지고, 운이 없으면 천복비에 벼락이 떨어지느니라.

解說 당나라 때의 일화로써, 왕발이 꿈속에서 망당산 신령이 나타나 계시를 하여서 순풍 속에 배를 타고 하룻밤 사이에 남창 7백 리를 가서 등왕각 서문을 지어 천하에 명성을 떨쳤다. 구대공의 문객 가운데 지극히 가난한 자가 천복비 비문을 탁본해 올리면 보수를 후하게 준다는 소문을 듣고 어렵게 수천 리를 갔으나, 공교롭게도 그날 밤 벼락이 떨어져 그 비석이 산산이 조각나 있었다. 인간사는 모두 그 운명이 결정되어 있다는 가르침.

註 등왕각 양쯔강 유역 남창(南昌)에 있는 누각.
천복비(薦福碑) 장시성(江西省) 천복사(薦福寺)에 있던 비로 원(元)나라 때 마치원(馬致遠)이 세운 것이라는 설도 있고 당(唐)나라 때 구양순(歐陽詢)이 비문을 썼다는 설도 있다.

訓音讀 送 보낼 송   閣 집 각   轟 울릴 굉
薦 천거할 천   碑 비석 비

原文

列子 曰『痴聾痼啞도 家豪富요
智慧聰明도 却受貧이라 年月日時 該載
定하니 算來由命不由人이니라』

直譯

열자가 말하기를,
"어리석고 귀먹고 고질이 있고 벙어리인데도 호화로운 부자요, 지혜 있고 총명하지만 도리어 가난하니라, 운(運)은 해와 달, 날과 시가 마땅히 정해져 있으니 부귀와 가난은 사람으로 말미암음에 있지 않고 천명에 있느니라."

註

열자(列子)
이름은 어구(禦寇)이며, 전국(戰國) 시대 초기 노(魯)나라의 철학자로 그의 사상을 엮은 책 〈열자〉가 있다.

訓音讀

痴 어리석을 치 聾 귀먹을 롱 痼 고질 고
豪 호걸 호 慧 지혜 혜 聰 귀밝을 총
却 물리칠 각 該 그 해 載 실을 재
算 셈할 산 由 말미암을 유 啞 벙어리 아

효행편

孝行篇

효도를 가르치는 글

백행(百行)의 근본이라 하는 효(孝)에 관한 글이다. 효(孝)를 이웃의 어른에게 미루어 적용하면 제(悌)가 되는 것이요, 그 마음을 더욱 넓혀 미루어 동료에게 적용하면 충신(忠信)이니, 효(孝)가 어찌 백행의 근본이 아닐수 있겠는가?

原文

詩曰『父兮生我하시고 母兮鞠我하시니
哀哀父母여 生我劬勞셨다
欲報深恩인대 昊天罔極이로다』

시왈 부혜생아 모혜국아
애애부모 생아구로
욕보심은 호천망극

直譯

〈시전〉에서 말하기를,
"아버지 날 낳으시고 어머니 날 기르시니 슬프고 슬프도다. 어버이시여, 나를 낳아 기르시느라고 애쓰셨도다. 그 깊은 은혜를 갚고자 할진대 넓은 하늘과 같이 끝이 없느니라."

解說

시전(詩傳) 시경(詩經)을 해설한 것으로 공자(孔子)가 편찬했다고 한다.
사서(四書) 〈논어(論語)〉·〈맹자(孟子)〉·〈중용(中庸)〉·〈대학(大學)〉
삼경(三經) 〈시경(詩經)〉·〈서경(書經)〉·〈역경(易經(周易))〉이 있다.

訓音讀

兮 어조사 혜	鞠 기를 국	哀 슬플 애
勞 수고로울 로	欲 하고자 할 욕	報 갚을 보
深 깊을 신	該 그 해	載 실을 재
罔 그물 망	極 다할 극	劬 고할 구

原文

子曰『孝子之事親也에 居則致其敬하고
養則致其樂하고 病則致其憂하고
喪則致其哀하고 祭則致其嚴이니라』

直譯 공자가 말씀하시기를,
"효자가 어버이를 섬길진대 기거에는 공경함을 다하고, 받들어 섬김에는 즐거움을 다하고, 병드신 때에는 근심을 다하고, 돌아가신 때에는 슬픔을 다하고, 제사지낼 때에는 엄숙함을 다할지니라."

訓音讀
孝 효도 **효**	親 친할 **친**	則 곧 **즉**
致 이를 **치**	敬 공경할 **경**	養 기를 **양**
樂 즐거울 **락**	病 병들 **병**	憂 근심 **우**
喪 죽을 **상**	哀 슬플 **애**	祭 제사 **제**
嚴 엄할 **엄**		

原文

子曰『父母在어시든
不遠遊하며 遊必有方이니라』

直譯 공자가 말씀하시기를,
"부모가 계실 때에는 멀리 떨어져 놀지 말 것이며, 놀 때는 반드시 그 가는 곳을 알릴지니라."

訓音讀 在 있을 재　遠 멀 원　遊 놀 유
必 반드시 필　方 모 방

原文

子曰『父命召어시든
唯而不諾하고 食在口則吐之니라』

直譯 공자가 말씀하시기를,
"아버지께서 부르시면 속히 공손히 대답하여 머뭇거리지 말고 입에 음식이 있거든 곧 이를 뱉고 대답할지니라."

訓音讀 在 있을 재　遠 멀 원　遊 놀 유
必 반드시 필　方 모 방

原文

孝順은 還生孝順子요
五逆은 還生五逆子하나니 不信커든
但看簷頭水하라 點點滴滴不差移니라

直譯

효순(孝順:착하고 효성스러운)한 사람은 효순한 자식을 낳을 것이요, 오역(悟逆:어긋나고 거스르는)한 사람은 오역한 자식을 낳나니 믿지 못하겠거든 저 처마끝의 낙수를 보아라. 방울방울 떨어짐이 어긋남이 없느니라.

註

오역 이 말은 원래 불교의 '오역죄', 즉 '오무간업'을 가르친다.

불교 오역 아버지 죽이는 것, 어머니 죽이는 것, 아라한을 죽이는 것, 승단의 화합을 깨는 것, 불신을 상해하는것.

유교 오역 임금을 죽이는 것, 아버지를 죽이는 것, 어머니를 죽이는 것, 할아버지를 죽이는 것, 할머니를 죽이는 것.

訓音讀

順 순할 순	還 돌아올 환	但 다만 단
看 볼 간	點 점 점	滴 물방울 적
差 어긋날 차	移 옮길 이	簷 처마 첨

原文

太公이 曰『孝於親이면 子亦孝之하니 身旣不孝면 子何孝焉이리오』

태공 왈 효어친 자역효지 신기불효 자하효언

直譯
태공이 말하기를,
"어버이께 효도하면 자식 또한 효도하나니 이 몸이 효도하지 않았다면 어찌 내 자식이 효도하겠는가."

訓音讀
於 어조사 어　亦 또 역　身 몸 신
旣 이미 기　焉 어조사 언

정기편
正己篇

자기를 바로 세우는 것을 가르치는 글

수신(修身)에 도움이 되는 글이다. 여기에는 유가(儒家)에서 강조하는 절제를 통한 인격수양과 더불어 난세(亂世)를 사는 도가(道家) 특유의 처세훈까지 곁들어 있다. 절제할 줄 모르는 현대인들에게 시사하는 바가 크다 하겠다.

原文

性리서 운 견인지선이심기지선
性理書에 云『**見人之善而尋己之善**하고
견인지악이심기지악   여차
見人之惡而尋己之惡이니 **如此**면
방시유익
方是有益이니라』

直譯
〈성리서〉에 이르기를,
"남의 착한 것을 보고 나의 착한 것을 찾고, 남의 악한 것을 보고 나의 악한 것을 찾을 것이니, 이와 같이 함으로써 바야흐로 이는 유익함이 되느니라."

解說
남의 선과 악이 모두 나의 스승이 될 수 있다는 것은, 스스로에게 겸허하고 스스로를 반성하여 거듭 태어나고자 하는 강한 의지가 있어야 함을 의미하는 것이다.
고사성어로서는 타산지석(他山之石)이 있다.

註
성리서(性理書) 송(宋)나라 때 유학(儒學)의 한 계통으로 인간의 심성(心性)과 우주의 원리를 연구한 책.

訓音讀
理 이치 **리**　　尋 찾을 **심**　　己 몸 **기**
此 이 **차**　　是 이 **시**　　益 더할 **익**

原文

景行錄에 云『大丈夫는 當容人이언정
無爲人所容이니라』

경행록 운 대장부 당용인
무위인소용

直譯

〈경행록〉에 이르기를,
"대장부는 마땅히 남을 용서할지언정 남의 용서를 받는 사람이 되지 말지니라."

解說

큰일을 할 사람은 늘 너그러이 다른 사람을 포용(용서)하고, 다른 사람에게 용서를 받는 입장이거나 속이 좁다는 비판을 받아서는 안 된다는 말이다.

訓音讀

錄 기록할 록   當 당할 당   容 얼굴 용
爲 할 위   所 바 소

原文

太公이 曰『勿以貴己而賤人하고
勿以自大以蔑小하고
勿以恃勇而輕敵이니라』

直譯
태공이 말하기를,
"내 몸이 귀하다고 남을 천하게 여기지 말고, 자신이 크다고 남의 작은 것을 업신여기지 말며, 용맹을 믿고서 적을 가벼이 생각지 말지니라."

解說
자기의 능력과 용기만 믿고 상대방을 가벼이 보아서는 안 된다는 말이다.

訓音讀
貴 귀할 **귀**   賤 천할 **천**   蔑 업신여길 **멸**
恃 믿을 **시**   勇 날랠 **용**   輕 가벼울 **경**
敵 대적할 **적**

原文

馬援^{마원}이 曰^왈

『聞人之過失^{문인지과실}이어든 如聞父母之名^{여문부모지명}하여

耳可得聞^{이가득문}이언정 口不可言也^{구불가언야}이니라』

直譯

마원이 말하기를,
"남의 허물을 듣거든 어버이의 이름을 듣는 것같이 하여 가히 귀로 들을지언정 입으로 말하지 말지니라."

解說

남을 비방하거나 헐뜯는 것은 어리석은 일이며, 상대방이 언젠가는 알게 될 것이다.
그러한 이야기를 듣는 것은 자기 부모에 대한 험담을 듣는 것처럼 부끄럽게 생각하고, 들은 이야기는 다른 사람에게 이야기하지 않아야 한다.

訓音讀

| 援 도울 **원** | 聞 들을 **문** | 過 허물 **과** |
| 失 잃을 **실** | 得 얻을 **득** | |

原文

道吾善者는 是吾賊이오
도 오 선 자   시 오 적
道吾惡者는 是吾師니라
도 오 악 자   시 오 사

直譯 나의 착함을 말해 주는 사람은 곧 나의 적이요, 나의 좋지 못함을 말해 주는 사람은 곧 나의 스승이니라.

解說 나의 좋은 점만 이야기해 주는 것은 나의 자만을 키울 수 있고, 나의 단점이나 잘못을 이야기해주는 것은 인격수양에 큰 보탬이 될 수 있다는 말이다.

訓音讀 吾 나 오   是 이 시   賊 도둑 적
         惡 악할 악   師 스승 사

原文

太公이 曰
_{태 공   왈}

『勤爲無價之寶요 愼是護身之符니라』
_{근 위 무 가 지 보   신 시 호 신 지 부}

直譯 태공이 말하기를,
"부지런히 일하는 것은 값을 매길 수 없는 보배요, 언행을 삼가함은 몸을 지키는 부적이니라."

解說 운이 아무리 없다고 해도 부지런함은 성공의 원인이고, 조심과 삼가함은 재앙을 막을 수 있는 최선의 길이다.

訓音讀 勤 부지런할 근   價 값 가   愼 삼갈 신
　　　　護 보호할 호   符 부신 부

原文

景行錄_{경행록}에 曰_왈『保生者_{보생자}는 寡慾_{과욕}하고
保身者_{보신자}는 避名_{피명}이니
無慾_{무욕}은 易_이나 無名_{무명}은 難_난이로다』

直譯 〈경행록〉에 가로되,
"삶을 안전하게 보전하려는 자는 욕심을 적게 하고, 몸을 안전하게 보전하려는 자는 세상에 이름을 내려 하지 않으니, 욕심을 없애기는 쉬우나 이름을 내려 하지 않기는 어려우니라."

解說 자기 삶을 제대로 지키려면 욕심을 적게 하고, 몸을 안전하게 지키려면 명예욕에 빠지지 말라. 그러나 욕심을 없게 하기는 쉬우나 명예를 버리기는 어렵다는 것으로 인간의 명예욕에 대한 집착을 표현한 것이다.

訓音讀 保 보존할 보　寡 적을 과　慾 욕심 욕
　　　　避 피할 피　易 쉬울 이

原文

子曰 『君子有三戒하니 小之時엔
血氣未定이라 戒之在色하고 及其壯也하여
血氣方剛이라 戒之在鬪하고 及其老也하여
血氣旣衰라 戒之在得이니라』

直譯 공자가 말씀하시기를,
"군자는 세 가지 경계할 것이 있으니, 어릴 때는 혈기가 정하여 있지 아니한지라 경계할 것은 여색에 있고, 몸이 장성함에 이르러서는 혈기가 바야흐로 굳센지라 경계할 것은 싸움에 있으며, 몸이 늙음에 이르러서는 혈기가 이미 쇠한지라 경계할 것은 탐욕에 있느니라."

解說 인생을 청년기·중년기·노년기로 나누어서 경계해야 할 점을 제시하고 있다. 청년기는 '여색'을, 장년기는 '다툼'을, 노년기는 '탐욕'을 조심하라는 교훈.

訓音讀
君 임금 군   戒 경계 계   壯 장대할 장
剛 굳셀 강   鬪 싸울 투   衰 쇠할 쇠

정기편

原文

景行錄에 曰
『食淡精神爽이요 心淸夢寐安이니라』

直譯 〈경행록〉에서 말하기를,
"음식이 깨끗하면 정신이 상쾌하고, 마음이 맑으면 편히 잘 수 있느니라."

解說 음식을 고르게 섭취하는 것이 건강의 비결이다. 너무 과식하지 말고 편식을 하지 않아야 한다.

訓音讀 淡 맑을 담   爽 상쾌할 상   淸 맑을 청
夢 꿈 몽   寐 잘 매

原文

定心應物하면 雖不讀書라도
_{정심응물} _{수부독서}

可以爲有德君子이니라
_{가이위유덕군자}

直譯 마음가짐을 바로잡고 사물(事物)을 대하면 비록 글을 읽지 못하더라도 능히 덕망 있는 군자가 되느니라.

解說 마음의 텃밭에 덕을 심고 가꾸는 것이 학문을 닦고 인격을 수양하는 바탕이 되는 것이다.

訓音讀
應 응할 응   雖 비록 수   讀 읽을 독
書 글 서   德 큰 덕

原文

近思錄에 云『懲忿을 如救火하고
窒慾을 如防水하라』

直譯 〈근사록〉에 이르기를,
"분노를 징계하기를 옛 성인과 같이 하고 욕심 막기를 물 막듯이 하라."

解說 인간은 감정의 동물이기 때문에 한번 분노에 모든 것을 잃을 수 있으므로 감정을 억제하고 욕망을 다스리라는 말이다.

註 **근사록(近思錄)**
송(宋)나라 때 주자(朱子)와 그의 제자인 여조겸(呂祖謙)이 함께 지은 책으로 인격수양에 필요한 금언(金言) 622조목을 발췌하여 14부로 나누었다.

訓音讀 懲 징계할 **징**   忿 분할 **분**   窒 막을 **질**
　　　　　慾 욕심 **욕**   防 막을 **방**

原文

夷堅志에 云『避色을 如避讐하고
避風을 如避箭하며
莫喫空心茶하고 少食中夜飯하라』

直譯 〈이견지〉에 이르기를,
"여색 피하기를 원수 피하듯 하고, 바람 피하기를 날아 오는 화살 피하듯이 하며, 빈속에 다(茶)를 마시지 말고, 밤중에는 밥을 적게 먹어라.

解說 여색을 피하고, 바람을 피하고, 빈속이나 한밤중에 섭생을 조심하여 스스로의 건강한 삶을 지켜야 할 것이다.

註 이견지(夷堅志)
송(宋)나라 때 사람인 홍매(洪邁: 1123~1202)가 민간의 이상한 일이나 이야기를 모아 엮은 설화집으로 420권으로 되어 있다.

訓音讀
夷 오랑캐 이　堅 굳을 견　志 뜻 지
云 이를 운　箭 화살 전　喫 마실 끽
茶 차 다　飯 밥 반

原文

荀子曰 『無用之辯과
不急之察을 棄而勿治하라』

直譯 순자가 말하기를,
"쓸데없는 말과 급하지 아니한 일은 그만두고 다스리지 말라."

解說 하루를 여유 있고 편안히 보내려면 쓸데없는 논쟁에 말려들지 말고, 급하지 않은 일에 미리 걱정을 하지 말아야 한다.

註 순자(荀子:서기전 298~238)
전국(戰國)시대의 조(趙)나라 사람으로 이름은 황(況)이며, 성악설(性惡說)을 주장하였음. 저서로는 〈순자〉가 있다.

訓音讀
荀 풀 순　　辯 말잘할 변　　察 살필 찰
棄 버릴 기　　治 다스릴 치

原文

子曰『衆이 好之라도 必察焉하며
衆이 惡之라도 必察焉이니라』

直譯 공자가 말씀하시기를,
"뭇 사람이 좋아할지라도 반드시 살필 것이며, 뭇 사람이 미워할지라도 반드시 살필 것이니라."

解說 여러 사람이 미워하고 좋아한다고 해서 그 사람 됨됨이를 살펴보지 않는다면 편견에 사로잡힐 수가 있다.

訓音讀 衆 무리 **중**   好 좋을 **호**   察 살필 **찰**
焉 어조사 **언**   惡 미워할 **오**

原文

酒^{주중불어}中不語는 眞君子^{진군자}요

財^{재상분명}上分明은 大丈夫^{대장부}이니라

直譯 술 취한 중에도 말이 없으면 참다운 군자요, 재물 거래에 분명함은 대장부니라.

解說 술에 취한 말에 실수하지 않는 것만으로도 인격을 갖춘 군자가 될 수 있다고 하는 것이다. 또 금전관계를 분명히 하면 호연지기를 갖춘 대장부라 할 수 있다.

訓音讀
酒 술 주   眞 참 진   財 재물 재
丈 어른 장   夫 사내 부

原文

萬事從寬이면
_{만 사 종 관}

其福自厚니라
_{기 복 자 후}

直譯 모든 일에 너그러우면 그 복이 저절로 두터워지느니라.

解說 인간은 완전하지 않기 때문에 서로 용서하며 살아야 한다. 따라서 인류의 성인들은 '남의 단점을 감싸 주고 서로 돕고 살라'고 권하고 있다.

訓音讀
事 일 **사**　　從 좇을 **종**　　寬 너그러울 **관**
福 복 **복**　　厚 두터울 **후**

原文

太公이 曰『欲量他人인대 先須自量하라

傷人之語는 還是自傷이니

含血噴人이면 先汚其口이니라』

直譯

태공이 말하기를,
"남을 저울질하려거든 먼저 자신을 저울질하라. 남을 상하게 하는 말은 도리어 스스로를 상하게 하는 짓이니, 피를 머금어 남에게 뿜으면 먼저 제 입이 더러워지느니라."

解說

남을 헐뜯어 해치는 말은 도리어 자신을 해치니, 가령 피를 머금어 남에게 뿜으려고 들면 남을 더럽히기 전에 제 입부터 더러워지는 법이다.

訓音讀

欲 하고자할 욕   量 헤아릴 량
須 모름지기 수   噴 뿜을 분
汚 더러울 오

原文

太公(태공)이 曰(왈) 『瓜田(과전)에 不納履(불납리)하고
李下(이하)에 不正冠(부정관)이니라』

直譯 태공이 말하기를,
"남의 오이밭을 지날 때는 신을 고쳐 신지 말것이요, 남의 오얏나무 아래에선 갓을 고쳐 쓰지 말 것이니라."

解說 남의 오이밭에서 허리를 굽혀 신을 고쳐 신으면 몰래 오이를 따는 것으로 오해받기 십상이고, 남의 과수원의 과일나무 밑에서 손을 올려 갓끈을 매면 과일을 따는 것으로 의심받기 쉽다.
오해나 의심받을 일은 아예 하지 말라는 말이다.

訓音讀
瓜 오이 과   田 밭 전   納 드릴 납
履 신 리   冠 갓 관

原文

景行錄에 曰

『心可逸이언정 形不可不勞요

道可樂이언정 心不可不憂니

形不勞則怠惰易弊하고

心不憂則荒淫不定이라

故로 逸生於勞而常休하고

樂生於憂而無厭하나니

逸樂者는 憂勞를 豈可忘乎아』

直譯

〈경행록〉에서 말하기를,

"마음은 편할지언정 육신은 가히 일을 하지 아니할 수 없고, 도(道)는 즐거울지언정 마음은 가히 우환을 생각하지 않을 수 없나니 육신은 일을 하지 아니한즉, 게을러져서 허물어지기 쉽고 마음은 우환을 생각하지 아니한즉, 주색에 빠져 행동이 일정치 못하는 고로 편안함은 수고로움에서 생겨야 항상 기쁠 수 있고, 즐거움은 근심하는 데서 생겨야 싫증이 없나니 편안하고 즐거운 자가 근심과 수고로움을 어찌 잊겠느냐."

解說 자기에게 주어진 운명의 그늘에서 너무 상심하지 말고, 그것 자체를 사랑하면서 사는 지혜도 필요하며, 일에 열중하는 순간이 참된 행복이다.

訓音讀
逸 편안 **일**　憂 근심 **우**　怠 게으를 **태**
惰 게으를 **타**　弊 무너질 **폐**　淫 음란할 **음**
荒 거칠 **황**　常 떳떳할 **상**　休 쉴 **휴**
厭 싫을 **염**　豈 어찌 **기**

原文

耳^이不^불聞^문人^인之^지非^비하고 目^목不^불視^시人^인之^지短^단하고

口^구不^불言^언人^인之^지過^과라야 庶^서幾^기君^군子^자이니라

直譯

귀로는 남의 그릇됨을 듣지 말고, 눈으로는 남의 결점을 보지 말고, 입으로는 남의 허물을 말하지 않아야만 이것이 군자이니라.

解說

귀로는 지혜로운 말을 듣고, 눈으로는 아름다움을 보고, 입으로는 사랑을 말하고, 코로는 맑은 공기를 마셔야 한다.

訓音讀

聞 들을 문　　視 볼 시　　過 허물 과
庶 뭇 서　　幾 기미 기

原文

蔡伯喈曰 『喜怒는 在心하고
言出於口하나니 不可不愼이니라』

直譯 채백개가 말하기를,
"기뻐하고 노여워하는 것은 마음에 있고 말은 입 밖으로 나가는 것이니 삼가지 아니할 수 없느니라."

解說 될 수 있는 대로 감정 표현을 자제하고 말은 함부로 하지 말라는 말이다.

註

채백개(蔡伯喈)
후한(後漢) 때의 학자로 이름은 옹(邕), 자(字)는 백개이다. 〈채중랑전집(蔡中郞全集)〉을 저술했다.

訓音讀 蔡 나라 채   伯 맏 백   喜 기쁠 희
於 어조사 어   愼 삼갈 신

原文

宰予晝寢이어늘 子曰『朽木은 不可雕也요
糞土之墻은 不可圬也이니라』

直譯 재여가 낮잠을 자거늘, 공자가 말씀하시기를,
"썩은 나무는 새길 수 없고, 더럽고 썩은 흙으로 쌓은
담은 흙손질을 할 수 없느니라."

解說 제자들을 사회의 지도자로 키우고자 했던 공자는
제자 재여가 낮잠을 자자 그의 뜻과 노력 부족을
질타하면서 실망감을 감추지 못하고 크게 꾸짖는
말이다.

註 재여(宰予)
춘추(春秋) 시대 노(魯)나라 사람으로 자(字)는 자아(子我), 재아(宰我)라고도 하며, 공자(孔子)의 제자 중 한 사람으로 말 솜씨가 뛰어났다.

訓音讀 宰 재상 재   予 나 여   晝 낮 주
寢 잠잘 침   朽 썩을 후   圬 흙손 오

紫虛元君誠諭心文에 曰

『福生於淸儉하고 德生於卑退하고

道生於安靜하고 命生於和暢하고

患生於多慾하고 禍生於多貪하고

過生於輕慢하고 罪生於不仁이니라

戒眼莫看他非하고 戒口莫談他短하고

戒心莫自貪嗔하고 戒身莫隨惡伴하고

無益之言을 莫妄說하고 不干己事를

莫妄爲하고 尊君王孝父母하며

敬尊長奉有德하고 別賢愚恕無識하고

물순래이물거 물기거이물추
物順來而勿拒하며 物旣去而勿追하고

신미우이물망 사이과이물사
身未遇而勿望하며 事已過而勿思하라

총명 다암매 산계 실편의
聰明도 多暗昧요 算計도 失便宜니라

손인종자실 의세화상수
損人終自失이요 依勢禍相隨라

계지재심 수지재기
戒之在心하고 守之在氣라

위부절이망가 인불렴이실위
爲不節而亡家하고 因不廉而失位니라

권군자경어평생 가탄가경이가사
勸君自警於平生하나니 可歎可驚而可思니라

상임지이천감 하찰지이지기
上臨之以天鑑하고 下察之以地祇라

명유삼법상계 암유귀신상수
明有三法相繼하고 暗有鬼神相隨라

유정가수 심불가기 계지계지
惟正可守요 心不可欺니 戒之戒之하라』

直譯 자허원군 성유심문에서 말하기를,

"복은 깨끗하고 검소한 데서 생기고, 덕은 몸을 낮추고 겸손한 데서 생기고, 도는 편안하고 고요한데서 생기고, 천명은 **화창**(和暢:마음씨가 부드럽고 밝음)한 데서 생기고, 근심은 욕심이 많은 데서 생기고, 재앙은 탐욕을 많이 내는 데서 생기고, 잘못은 경솔하고 교만한 데서 생기고, 죄악은 어질지 못한 데서 생기는 것이니, 눈을 경계하여 다른 사람의 그릇됨을 보지 말고, 입을 경계하여 다른 사람의 잘못을 말하지 말고, 자기에게 관계 없는 일은 간섭하지 말고, 임금을 높이 공경하고 부모에게 효도하며, 웃지 못하는 것을 꾸짖지 말고, 모든 일은 순리(順理)로 오므로 물리치지 말고, 이미 지났거든 좇지 말고, 몸이 불우(不遇)에 처했더라도 억지로 바라지 말고, 일이 이미 지나갔거든 생각하지 말라. 총명한 사람도 때로는 어리석을 때가 있고 계획을 잘 세워 놓았더라도 편의(便宜:편리하고 마땅함)를 잃느니라. 남을 손상하면 자기의 허물이요, 권세에 의뢰함은 화가 서로 따르느니라. 경계하는 것은 마음에 있고, 지키는 것은 기운에 있느니라. 절약하지 않으면 집을 망치고, 청렴하지 않음으로써 지위(地位)를 잃느니라. 그대에게 평생을 두고 스스로 경계하기를 권하노니, 가히 놀랍게 여겨 경계하고 두려워하라. 위에는 하늘의 살핌이 있고 아래로는 땅의 신령이 살피고 있는지라. 밝은 이 세상에는 세가지 법도가 서로 이어져 있고, 어두운 저 세상에는 귀신이 따라 다닌다. 오직 바른 것을 지키고 마음을 속이지 말 것이니, 경계하고 경계할 것이니라."

註 자허원군(紫虛元君)
도가(道家)에 속하나 이름과 연대가 분명하지 않다.

訓音讀

虛 빌 허	紫 붉을 자	安 편안 안
諭 고할 유	暗 어둘 암	警 경계할 경
守 지킬 수	欺 속일 기	卑 낮을 비
暢 화창할 창	慢 업신여길 만	隨 따를 수
伴 짝 반	妄 망녕될 망	恕 용서할 서
識 알 식	拒 막을 거	追 쫓을 추
遇 만날 우	望 바랄 망	儉 검소할 검

안분편
安分篇

분수를 지키는 것을 가르치는 글

자신의 분수를 지켜 편안한 마음을 갖자는 글이다. 헛된 명리(名利)를 좇아 자신의 본분(本分)마저 잊어버리는 행동을 하지 않도록 권고하고 있다.

原文

景行錄에 云

『知足可樂이요 務貪則憂니라』

直譯 〈경행록〉에 이르기를,
"족할 줄 알면 가히 즐거울 것이요, 탐욕에 힘쓰면 곧 근심이 있느니라."

解說 작은 행복에도 늘 감사하며, 그 행복에 만족할 줄 알면 즐거울 것이요, 지나친 욕심에 집착하면 늘 근심에서 헤어날 수 없다는 말이다.

訓音讀 錄 기록할 록 樂 즐거울 락 務 힘쓸 무
貪 탐낼 탐 憂 근심 우

原文

知足者는 貧賤亦樂이요
不知足者는 富貴亦憂니라

지족자 빈천역락
부지족자 부귀역우

直譯 만족함을 아는 사람은 가난하고 천하여도 역시 즐겁고, 만족함을 알지 못하는 사람은 부(富)하고 귀(貴)하여도 또한 근심하느니라.

解說 만족의 한계는 자신이 처한 환경에 있지 않고 자신의 마음에 있다. 즉, 자신의 마음을 만족하게끔 생각하는 것이 중요하다는 말이다.

訓音讀
貧 가난빈   賤 천할천   富 부자부
貴 귀할귀   憂 근심우

原文

濫想(남상)은 徒傷神(도상신)이요
妄動(망동)은 反致禍(반치화)니라

直譯 쓸데 없는 생각은 다만 정신을 상할 뿐이요, 분수 없이 망령된 행동은 도리어 화를 이루니라.

解說 현실을 고려하지 않은 생각과 행동은 자신의 몸만 망칠 수 있다는 말이다.

訓音讀 濫 넘칠 **람**　徒 무리 **도**　傷 상할 **상**
　　　　妄 망령될 **망**　動 움직일 **동**

原文

知足常足_{이면} 終身不辱_{하고}
(지족상족) (종신불욕)

知止常止_면 終身無恥_{니라}
(지지상지) (종신무치)

直譯 넉넉한 줄을 알고 항상 만족하면 종신토록 욕되지 아니하고, 그칠 줄을 알고 항상 그치면 종신토록 부끄러움이 없느니라.

解說 사람이 제 분수를 알아서 만족할 줄 알면 일생 동안 욕됨이 없을 것이요, 또 제 능력의 한계를 알아서 멈출 줄 알면 일생 동안 부끄러움이 없을 것이다.

訓音讀 終 마칠 종 身 몸 신 辱 욕될 욕
　　　　 無 없을 무 恥 부끄러울 치

안분편

原文

書^서에 曰^왈

『滿招損^{만초손}하고 謙受益^{겸수익}이니라』

直譯 〈서경〉에서 말하기를,
"가득한 것은 손실을 부르고 겸손하면 이익을 받느니라."

解說 겸손해서 가장 이익을 보는 사람은 겸손하게 행동을 한 그 사람이다. 겸손하고 또 겸손하라는 말이다.

註 **서경(書經)**
삼경의 하나로 중국 요순(堯舜)때부터 주(周)나라 때까지 정사에 관한 문서를 공자가 수집하여 편찬한 책으로 후에 송(宋)나라의 채침(蔡沈)이 해설한 것을 서전(書傳)이라고 하며 20권 58편이다.

訓音讀 滿 가득할 만 　 招 부를 초 　 損 덜 손
　　　　　 謙 겸손 겸 　　 益 더할 익

原文

安_{안분음}吟에 曰_왈

『安_{안분신무욕}分身無辱이요 知_{지기심자한}機心自閑이니

雖_{수거인세상}居人世上이나 却_{각시출인간}是出人間이니라』

直譯 안분음에서 말하기를,
"편안한 마음으로 분수를 지키면 몸에 욕됨이 없을 것이요, 세상 돌아가는 형편을 잘 알면 마음이 스스로 한가하나니 비록 인간 세상에 살지라도 도리어 인간 세상에서 벗어난 것이니라."

解說 자기 분수에 만족하면 일신상에 욕됨이 없고, 세상과 하늘의 섭리를 알면 초조하거나 걱정이 없다. 이러한 경지에 이르면 탐욕에 눈이 어두운 인간 세상을 벗어날 수 있다.

註 **안분음(安分吟)**
송(宋)나라 때의 안분시(安分詩)를 말하며 지은이를 알 수 없다.

訓音讀 吟 읊을 **음**   辱 욕될 **욕**   機 틀 **기**
       閑 한가할 **한**   却 물리칠 **각**

原文

子曰
자 왈

『不在其位면 不謀其政이니라』
부 재 기 위 불 모 기 정

直譯

공자가 말씀하시기를,
"그 지위에 있지 않으면 그 정사를 꾀하지 않는다."

解說

제 일은 소홀히 하고 공연히 남의 일에 간섭해서는 안 된다는 뜻이다.

訓音讀

在 있을 재   其 그 기   位 자리 위
謀 꾀할 모   政 정사 정

존심편
存心篇

마음을 보존하는 것을 가르치는 글

양심에 대한 인간의 자유의지와 선하고 진실된 특성에 관한 글이다. 개인의 올바른 수양과 처세에 대한 아름답고 감동적인 문장들이 많다. 올바른 양심, 충과 효에 대한 분명한 정의 등이 존심편 전체를 이루고 있다. 존심편은 자기 수양이라는 측면에서 더욱 소중하다 하겠다.

原文

景行錄에 云『坐密室을 如通衢하고
馭寸心을 如六馬하면 可免過니라』

直譯 〈경행록〉에 이르기를,
"밀실에 앉았다 할지라도 마치 네거리에 앉은 것처럼 하고, 작은 마음을 제어하기를 여섯 필의 말을 부리듯 하면 가히 허물을 면하느니라."

解說 아무도 보지 않고 간섭하지 않는다고 해서 함부로 비행을 저지른다거나, 아무도 관심을 두지 않는다고 해서 아무렇게나 행동해서는 안 된다는 가르침이다.

訓音讀
坐 앉을 **좌**   密 빽빽할 **밀**   通 통할 **통**
衢 거리 **구**   馭 말부릴 **어**

原文

擊^격壤^양詩^시에 云^운『富貴^{부귀}를 如將智力求^{여장지력구}인대

仲尼^{중니}도 年少合封侯^{연소합봉후}라 世人^{세인}은

不解青天意^{불해청천의}하고 空使身心半夜愁^{공사신심반야수}이니라』

直譯

〈격양시〉에 이르기를,
"부귀를 지혜와 힘으로 구할 수 있는 것이라면 중니(공자)도 젊은 나이에 마땅히 제후(諸侯)에 봉해졌을 것이니라. 세상 사람들은 푸른 하늘의 뜻을 알지 못하고 헛되이 몸과 마음으로 하여금 한밤중에 근심하게 하느니라."

解說

부귀가 지력으로만 얻어지리라고 믿지 말라. 만약 부귀를 지력으로만 구할 수 있다면 공자 같은 이는 젊은 나이에 의당 제후에 봉해졌을 것이다. 세상 사람은 운명이 있음을 알지 못하고서 헛되이 몸과 마음을 졸이며 한밤중에 시름한다는 말이다.

註

격양시(擊壤時) 송(宋)나라 소옹(邵雍)이 지은 이천격양시집(伊川擊壤詩集)에 있는 시로 20권으로 되어 있다.

訓音讀

擊 칠 격   壤 흙덩이 양   詩 시 시
尼 여승 니   封 봉할 봉   解 풀 해
使 하여금 사   夜 밤 야

존심편

范忠宣公이 戒子弟曰

『人雖至愚나 責人則明하고

雖有聰明이나 恕己則昏이니

爾曹는 但當以責人之心으로

責己하고 恕己之心으로

恕人則不患不到聖賢地位也이니라』

直譯 범충선공이 아들을 훈계하여 말하기를,
"비록 지극히 어리석은 사람일지라도 남을 꾸짖는 것은 밝고, 비록 총명할지라도 자기를 용서함에는 어두우니 너희들은 마땅히 남을 꾸짖는 마음으로써 자기를 꾸짖고 자기를 용서하는 마음으로써 남을 용서한다면 성현(聖賢)의 경지에 이르지 못한 것을 근심할 것이 없느니라."

解說 입장을 바꿔서 생각해 보라는 말로써, 모두가 자신보다는 상대방의 입장에서 생각하라는 교훈이다. 그러면 멀게만 보이는 성현의 경지로 나아갈 수 있음을 강조하고 있다.

註

범충선(范忠宣)
중국 북송(北宋) 때의 재상으로 이름은 순인(純仁), 시호는 충선(忠宣)으로 지극히 효성스러웠으며 인종(仁宗) 때의 명신 범중암(范仲庵)의 둘째 아들이다.

訓音讀

范 성 범	忠 충성 충	宣 펼 선
戒 경계 계	愚 어리석을 우	責 책할 책
爾 너 이	曹 무리 조	但 다만 단
患 근심 환	聖 성인 성	賢 어질 현

原文

子曰 『聰明思睿라도 守之以愚하고
_{자왈 총명사예   수지이우}

功被天下도 守之以讓하고
_{공피천하   수지이양}

勇力振世라도 守之以怯하고
_{용력진세   수지이겁}

富有四海라도 守之以謙이니라』
_{부유사해   수지이겸}

直譯

공자가 말씀하시기를,
"총명하고 생각함이 뛰어날지라도 어리석은 척 하여야 하고, 공적이 천하를 뒤덮을지라도 사양하는 마음으로써 이를 지켜야 하고, 용맹이 세상을 떨칠지라도 무서워하는 마음로써 이를 지켜야 하고, 부유함이 사해에 있을지라도 겸손으로써 지켜야 하느니라."

解說

물은 높고 깨끗한 곳에 있으려고 하지 않고 항상 낮은 곳으로 흐른다. 사람들이 물의 성질을 본받아 좀 더 겸손해진다면 세상은 더욱 아름다워질 것이다.

註

사해 온 천하, [佛] 수미산의 사방에 있는 큰 바다

訓音讀

思 생각 **사**   被 입을 **피**   勇 날랠 **용**
振 떨칠 **진**   怯 겁낼 **겁**   謙 겸손할 **겸**

原文

素書에 云『薄施厚望者는 不報하고
貴而忘賤者는 不久니라』

直譯 〈소서〉에 이르기를,
"박하게 베풀고 후한 것을 바라는 자에게는 보답이 없고, 몸이 귀하게 돼서 천했던 때를 잊는 자는 오래 계속하지 못하느니라."

解說 박하게 베풀고서 후하게 바라는 이에게는 보답이 없고, 귀하게 되고 나서 천하던 때를 잊는 이는 결코 오래가지 못한다는 말이다.

註 **소서(素書)**
한(漢)나라 때의 황석공(黃石公)이 지은 책으로 그 후 송(宋)나라의 장상영(張商英)이 주(柱)를 달아 펴낸 병서이다.

訓音讀 素 흴 소   薄 얇을 박   厚 두터울 후
         望 바랄 망   賤 천할 천

原文

施恩勿求報하고
시 은 물 구 보

與人勿追悔하라
여 인 물 추 회

直譯 은혜를 베풀거든 그 보답을 받을 것을 생각하지 말고, 남에게 주었거든 후에 뉘우치지 말지니라.

解說 남에게 은혜를 베푸는 일은 그리 어려운 일이 아니다. 마음속으로 그 보답을 바라지 않는 것이 참으로 어려운 일이다. 그런데 하늘은 보답을 바라지 않는 이에게는 복을 주시고, 보답을 바라는 이는 돌아보지 않는다.

訓音讀 施 베풀 시   恩 은혜 은   與 줄 여
          追 따를 추   悔 뉘우칠 회

80 명심보감

原文

孫思邈에 曰『膽欲大而心欲小하고
知欲圓而行欲方이니라』

直譯

손사막이 가로되,
"담력은 크게 갖되 마음가짐은 작게 하고, 지혜는 원만함을 바라되 행동은 방정토록 바라야 하느니라."

解說

어떠한 상황의 변화에도 놀라지 말고 의연하게 대처하며 대인관계에서는 섬세하게 상대방을 배려하여야 한다. 또한 학문을 닦아 지혜를 익힘에는 원처럼 둥글고 폭넓게 접근해야 하지만 행실은 네모처럼 반듯하지 않으면 안 된다.

註

손사막(孫思邈)
당(唐)나라 때의 학자. 노자 사상·음양·의술에 두루 능했다. 저서로는 천금방(千金方)이 있다.

訓音讀

孫 손자 **손**   邈 멀 **막**   膽 쓸개 **담**
欲 하고자할 **욕**   圓 둥글 **원**

原文

念念要如臨戰日하고
念念要如臨戰日
심심상사과교시
心心常似過橋時니라

直譯 생각하는 것을 매일 싸움터에 나아가는 것같이 하고, 마음은 항상 다리를 건너는 때와 같이 해야 하느니라.

解說 아주 작은 판단의 잘못으로 불행의 나락으로 떨어질 수 있으므로 전쟁터에 나가는 심정으로 거듭 생각하여 결정할 일이다. 또, 늘 마음을 다잡아 외나무를 건너듯 조심조심 방심하지 말고 올바르게 살도록 노력해야 한다.

訓音讀 念 생각 념   要 요긴할 요   臨 임할 임(림)
        戰 싸울 전   橋 다리 교

原文

懼法朝朝樂이요

欺公日日憂니라

(구법조조락 / 기공일일우)

直譯 법을 두려워하면 언제나 즐거울 것이요, 나랏일을 속이면 날마다 근심이 되느니라.

解說 법을 두려워하여 죄를 짓지 않고 살면 아침마다 새날이 즐겁고, 공인이 떳떳하면 그 임무 수행에 거리낌이 없을 것이다.

訓音讀
懼 두려워할 구 朝 아침 조 樂 즐거울 락
欺 속일 기 憂 근심 우

原文

朱_주文_문公_공이 曰_왈

『守_수口_구如_여瓶_병하고 防_방意_의如_여城_성하라』

直譯 주문공이 말하기를,
"입을 지키는 것을 병과 같이 하고, 뜻을 막기를 성을 지키는 것 같이 하라."

解說 한 번 입에서 나온 말은 주워담을 수 없다. 그러므로 말은 신중히 해야 한다. 또, 쓸데없는 욕망과 불순한 의도는 접근하지 못하도록 마음에 굳건한 성을 쌓아 아예 처음부터 막아야 한다.

訓音讀
守 지킬 수   瓶 병 병   防 막을 방
意 뜻 의   城 성 성

原文

人無百歲人이나

枉作千年計니라

直譯 사람은 백 살을 사는 사람이 없건만 부질없이 천 년의 계교를 짓느니라.

解說 백 년을 살기도 어려운데 천 년의 계획을 세우고 제 욕심을 채우고자 물불을 가리지 않는 것은 부질없다는 것이다.

訓音讀 歲 해 세   枉 굽을·헛될 왕   作 지을 작
           年 해 년   計 꾀 계

原文

益智書(익지서)에 云(운)『寧無事而家貧(영무사이가빈)이언정 莫有事而家富(막유사이가부)요 寧無事而住茅屋(영무사이주모옥)이언정 不有事而住金屋(불유사이주금옥)이요 寧無病而食麁飯(영무병이식추반)이언정 不有病而服良藥(불유병이복양약)이니라』

直譯

〈익지서〉에 이르기를,
"아무 걱정 없고 집이 가난할지언정 걱정 있는 부잣집이 되지 말것이요, 아무 걱정 없이 모옥(이엉이나 띠 따위로 이은 조그마한 집)에 살지언정 걱정 있으면서 좋은 집에서 살지 말 것이요, 차라리 병없이 거친 밥을 먹을지언정 병이 있어 좋은 약을 먹지 말 것이니라."

註

모옥(茅屋) 띳집, 초가   **금옥(金屋)** 화려한 집

訓音讀

智 슬기 지	寧 편안할 녕	莫 말 막
住 살 주	茅 띠 모	屋 집 옥
病 병들 병	飯 밥 반	服 옷 복
藥 약 약		

原文

<small>심 안 모 옥 온</small>
心安茅屋穩이요

<small>성 정 채 갱 향</small>
性定菜羹香이니라

直譯 마음이 편안하면 오두막집도 안락할 것이요, 타고난 본성이 어질면 나물국도 향기롭다.

解說 풀로 엮은 허름한 오막살이에 살아도 마음을 편안하게 가지면 오히려 안락할 수 있고, 수양을 쌓아 성품이 안정되면 나물국도 향기로울 수 있다는 것이다.

訓音讀
穩 편안할 온 性 성품 성 菜 나물 채
羹 국 갱 香 향기 향

原文

景行錄에 云『責人者는 不全交요
自恕者는 不改過니라』

直譯 〈경행록〉에 이르기를,
"남을 꾸짖는 자는 사귀지 못할 것이요, 스스로 용서하는 자는 허물을 고치지 못하느니라."

解說 남을 꾸짖기를 좋아하고, 잘못을 남에게 떠넘기기를 잘 하는 사람은 이 사회에서 발 붙일 곳이 없다. 또 스스로의 잘못을 잘 인정하려 들지 않고 자기 합리화를 잘 하는 사람은 이 사회가 구제할 수 없는 문제 인물이 되고 만다는 것이다.

訓音讀 責 꾸짖을 책   交 사귈 교   恕 용서 서
改 고칠 개   過 허물 과

原文

夙興夜寐하여 所思忠孝者는
_{숙흥야매} _{소사충효자}

人不知나 天必知之요
_{인부지} _{천필지지}

飽食煖衣하여 怡然自衛者는
_{포식난의} _{이연자위자}

身雖安이나 其如子孫에 何오
_{신수안} _{기여자손 하}

直譯 아침에 일찍 일어나서부터 밤에 잠들 때까지 충효를 생각하는 자는 남들이 알지 못하나 하늘이 반드시 이를 알 것이요, 배불리 먹고 따뜻하게 입고 제 몸만 힘써 지키는 자는 몸은 비록 편안하나 그 자손은 어찌할 것이오.

解說 사람이 지극히 성실하면 하늘도 감동한다는 것이다.

訓音讀 夙 일찍 숙   興 흥할 흥   飽 배부를 포
　　　　 煖 따뜻할 난   怡 기쁠 이   衛 지킬 위

原文

_{이애처자지심} _{사친즉곡진기효}
以愛妻子之心으로 **事親則曲盡其孝**요

_{이보부귀지심} _{봉군즉무왕불충}
以保富貴之心으로 **奉君則無往不忠**이요

_{이책인지심} _{책기즉과과}
以責人之心으로 **責己則寡過**요

_{이서기지심} _{서인즉전교}
以恕己之心으로 **恕人則全交**니라

解說 처자(妻子)를 사랑하는 마음으로써 어버이를 섬긴다면 그 효도는 곡진할 것이요, 부귀를 보전하려는 마음으로써 임금을 받든다면 그 어느 때나 충성이 아니됨이 없을 것이요, 남을 꾸짖는 마음으로써 자기를 꾸짖는다면 허물이 적을 것이요, 자기를 용서하는 마음으로써 남을 용서한다면 온전히 사귐을 할 수 있느니라.

直譯 아내와 자식을 사랑하는 마음으로 부모에게 효도하고, 자신의 재산과 지위를 지키는 마음으로 국가(임금)에 충성하라는 것이다. 또 남의 잘못을 꾸짖는 마음으로 자신의 잘못을 호되게 꾸짖으면

허물이 적을 것이요, 자기 자신을 용서하는 마음으로 남의 잘못을 너그러이 이해해 준다면 다른 사람과 사귐을 온전히 할 수 있다는 것이다.

註

곡진(曲盡) 마음과 정성을 다함.

訓音讀
愛 사랑 **애**   親 친할 **친**   盡 다할 **진**
奉 받들 **봉**   責 꾸짖을 **책**   寡 적을 **과**
全 온전할 **전**

原文

爾謀不臧이면 悔之何及이며
(이모부장) (회지하급)

爾見不長이면 敎之何益이리오
(이견부장) (교지하익)

利心專則背道요 私意確則滅公이니라
(이심전즉배도) (사의확즉멸공)

直譯
너의 꾀함이 옳지 못하면 후회한들 어찌 되며, 너의 보는 것이 뛰어나지 못하면 가르친들 무슨 이로운 바 있으리오. 자기의 이익만 생각하면 오로지 도(道)에 어그러지고, 사사로운 일을 위하는 뜻이 굳으면 큰 일을 다 하지 못하느니라.

解說
사람은 기본적으로 생각이 곧아야 도모하는 일이 바르고, 그를 훌륭하게 가르칠 수 있는 것이다. 또 자기 이익에만 매달리면 도를 해치고 자기 사사로운 뜻에 집착하면 여러 사람에게 외면당한다. 그러므로 정도를 걸으며 사보다 공을 앞세우고 살아야 한다는 것이다.

訓音讀
爾 너 이　　謀 꾀 모　　臧 감출 장
敎 가르칠 교　專 오로지 전　背 등 배

계성편
戒性篇

자기의 인격을 닦는 것을 가르치는 글

성선설을 전제한 글이다. 하늘로부터 부여받은 본연의 선한 성품을 온전히 보존하여, 악에 물들지 말라는 것이다. 특히 강조되고 있는 것은 선을 해치는 방종과 격정, 그리고 분노를 참을 때 인간은 하늘로부터 부여받은 참된 본성을 지킬 수 있다는 간절한 가르침이다.

原文

景_{경행록}行錄에 云『人生_{인생}이 如水_{여수}하야

水一傾則不可復_{수일경즉불가복}이오 性一縱則不可反_{성일종즉불가반}이니

制水者_{제수자}는 必以堤防_{필이제방}하고

制性者_{제성자}는 必以禮法_{필이예법}이니라』

直譯

〈경행록〉에 이르기를,
"사람의 성품은 물과 같아서 물이 한 번 기울어지면 돌이킬 수 없고 성품이 한 번 방종해지면 바로 잡을 수 없을 것이니, 물을 막으려면 반드시 제방을 쌓음으로써 되고 성품을 옳게 하려면 예법으로써 하느니라."

解說

사람의 성품은 물과 같아서 한 번 방종해지면 강둑이 무너지는 것같이 걷잡을 수 없게 되며, 그 거대한 강물의 흐름을 바꾸기 위해서는 제방이 필요하듯 예로써 인간의 본성을 찾고, 사회적 규범인 법도로써 스스로를 단단히 단속하지 않으면 안 된다는 것이다.

訓音讀

傾 기울어질 **경**　復 회복할 **복**　縱 세로놓을 **종**
堤 둑　**제**　防 막을 **방**　制 억제할 **제**

原文

得忍且忍이요 得戒且戒하라
불인불계   소사성대
不忍不戒면 小事成大니라

直譯 참을 수 있거든 참을 것이오, 경계할 수 있거든 경계하라. 참지 못하고 경계하지 않으면 작은 일이 크게 되느니라.

解說 참을 수 있는 데까지 참고, 경계할 수 있는 데까지 경계하여 작은 일을 크게 만들지 말아야 한다는 것이다.

訓音讀
得 얻을 득   忍 참을 인   戒 경계할 계
事 일 사   成 이룰 성

계성편

原文

子張이 欲行에 辭於夫子할새

願賜一言爲修身之美하노이다

子曰『百行之本이 忍之爲上이니라』

子張이 曰『何爲忍之닛고』

子曰『天子忍之면 國無害하고

諸侯忍之면 成其大하고 官吏忍之면

進其位하고 兄弟忍之면 家富貴하고

夫妻忍之면 終其世하고 朋友忍之면

名不廢하고 自身忍之면 無禍害니라』

直譯 자장이 떠나고자 공자께 하직을 고하면서 말하기를

"몸을 닦는 가장 좋은 길을 말씀해 주시길 원합니다."
공자가 말씀하시기를,
"모든 행실의 근본은 참는 것이 그 으뜸이 되느니라."
자장이 말하기를,
"참으면 어찌 되나이까?"
공자가 말씀하시기를,
"천자가 참으면 나라에 해가 없고, 제후가 참으면 큰 나라를 이룩하고, 벼슬아치가 참으면 그 지위가 올라가고, 형제가 참으면 집안이 부귀하고, 부부가 참으면 일생을 해로할 수 있고, 친구끼리 참으면 이름이 깎이지 않고, 자신이 참으면 재앙이 없느니라."

解說 참는 것은 국가·사회·개인 모두에게 번영과 행복을 가져다준다는 것이다.

註 **자장(子張)**
성은 전손(顓孫), 이름은 사(師), 자장은 그의 자(字)이며 공자의 제자로 말솜씨가 뛰어났다.

訓音讀
辭 하직할 사	賜 줄 사	害 해할 해
侯 제후 후	吏 아전 리	位 벼슬 위
妻 아내 처	朋 벗 붕	廢 폐할 폐

原文

子張이 曰『不忍則如何닛고』
_{자장 왈 불인즉여하}

子曰『天子不忍이면 國空虛하고
_{자왈 천자불인 국공허}

諸侯不忍이면 喪其軀하고
_{제후불인 상기구}

管吏不忍이면 刑法誅하고
_{관리불인 형법주}

兄弟不忍이면 各分居하고
_{형제불인 각분거}

夫妻不忍이면 令子孤하고
_{부처불인 영자고}

朋友不忍이면 情意疎하고
_{붕우불인 정의소}

自身이 不忍이면 患不除니라』
_{자신 불인 환부제}

子張曰『善哉善哉라 難忍難忍이여
_{자장왈 선재선재 난인난인}

非忍不忍이요 不忍非人이로다』
_{비인불인 불인비인}

直譯 자장이 물었다.

"참지 않으면 어떻게 됩니까?"

공자가 말씀하시기를,

"천자가 참지 않으면 나라가 공허(空虛)하게 되고, 제후가 참지 않으면 그 몸을 잃어버리고 벼슬아치가 참지 않으면 형법(刑法)에 의하여 죽게 되고 형제가 참지 않으면 자식을 외롭게 하고, 친구끼리 참지 않으면 정과 뜻이 서로 갈리고, 자신이 참지 않으면 근심이 덜어지지 않느니라."

자장이 말하기를,

"참으로 좋고도 좋으신 말씀이로다. 아아, 참는 것은 정말로 어렵도다. 사람이 아니면 참지 못할 것이오. 참지 못할 것 같으면 사람이 아니로다."

고 하셨다.

解說 참지 못했을 경우 그 결과의 심각성을 이야기하는 것이다.

訓音讀

張 베풀 장	國 나라 국	空 빌 공
虛 빌 허	諸 모든 제	喪 상복입을 상
軀 몸 구	誅 베힐 주	孤 외로울 고
疎 성길 소	除 제할 제	非 아닐 비

계성편

愚濁生嗔怒는 皆因理不通이라
休添心上火하고 只作耳邊風하라
長短은 家家有요 炎凉은 處處同이라
是非無相實하여 究竟摠成空이니라

直譯 어리석고 똑똑하지 못한 자가 성을 내는 것은 다 이치를 알지 못하기 때문이다. 마음 위에 화를 더하지 말고 다만 귓전을 스치는 바람결로 여겨라.
장점과 단점은 집집마다 있고, 따뜻하고 싸늘한 것은 곳곳이 같으니라. 옳고 그름이란 본래 실상(實相)이 없어서 마침내는 모두가 빈 것이 되느니라.

訓音讀
濁 흐릴 **탁**　嗔 성낼 **진**　通 통할 **통**
添 더할 **첨**　邊 가 **변**　炎 불꽃 **염**
究 궁구할 **구**　摠 다 **총**

原文

景行錄_에 云『屈己者_는 能處重_{하고}
好勝者_는 必遇敵_{이니라}』

(경행록 운 굴기자 능처중 호승자 필우적)

直譯 〈경행록〉에 이르기를,
"자기를 굽히는 자는 중요한 지위에 앉을 수 있으며, 이기기를 좋아하는 자는 반드시 적(敵)을 만나느니라."고 하였다.

解說 교만하지 않고 자기를 굽힐 줄 아는 사람만이 중요한 지위에 앉을 수 있고, 이기기를 좋아하는 사람은 그로 인해 반드시 적을 만들게 된다. 따라서 스스로를 낮추고 양보하는 자세가 필요하다는 것이다.

訓音讀 屈 굽힐 굴   處 곳 처   勝 이길 승
         遇 만날 우   敵 원수 적

계성편

原文

^{악인} ^{매선인} ^{선인} ^{총부대}
惡人이 罵善人커든 善人은 摠不對하라
^{부대} ^{심청한} ^{매자} ^{구열비}
不對는 心淸閑이오 罵者는 口熱沸니라
^{정여인타천} ^{환종기신추}
正如人唾天하여 還從己身墜니라

直譯

악한 사람이 착한 사람을 꾸짖거든 착한 사람은 전연 대꾸하지 말라. 대꾸하지 않는 사람은 마음이 맑고 한가하나, 꾸짖는 자는 입에 불이 붙는 것처럼 뜨겁게 끓느니라. 마치 사람이 하늘에다 대고 침을 뱉는 것 같아서 그것이 오히려 자기 몸에 떨어지느니라.

解說

남을 비방하고 꾸짖는 것은 그 결과가 스스로에게 큰 후환으로 되돌아올 수도 있다는 것이다.

訓音讀

罵 꾸짖을 매　摠 다 총　熱 더울 열
沸 끓을 비　唾 침 타　還 돌아올 환
墜 떨어질 추

原文

我若被人罵라도 佯聾不分說하라
_{아약피인매} _{양롱불분설}

譬如火燒空하여 不救自然滅이라
_{비여화소공} _{불구자연멸}

我心은 等虛空이어늘 總爾翻脣舌이니라
_{아심 등허공} _{총이번순설}

直譯 내가 만약 남에게 욕설을 듣더라도 거짓 귀먹은 척하고 시비를 가려서 말하지 말라. 비유하건대 불이 아무 것도 없는 허공에서 타다가 끄지 않아도 저절로 꺼지는 것과 같아서 내 마음은 아무것도 없는 허공과 같거늘 너의 입술과 혀만은 모두 쉬지 않고 엎치락 덮치락 하느니라.

訓音讀
佯 거짓 양	譬 비유할 비	燒 탈 소
然 그럴 연	滅 멸할 멸	等 무리 등
爾 너 이	翻 뒤집힐 번	脣 입술 순
舌 혀 설		

凡事_에 留人情_{이면}
後來_에 好相見_{이니라}

直譯 모든 일에 인자스럽고 정을 남겨 두면 뒷날 만났을 때는 좋은 낯으로 서로 보게 되느니라.

解說 인정을 베풀 수 있을 때 많이 베풀자. 그것은 미래에 대한 더 없는 투자이다.

訓音讀 留 머무를 류   情 뜻 정   後 뒤 후
　　　　 好 좋을 호   相 서로 상

근학편
勤學篇

학문에 정진하는 올바른 자세를 가르치는 글

학문에 부지런히 힘쓰라는 뜻이거니와, 학문에 힘써 일정한 경지에 이르렀을 때 비로소 가능한, 도의 깨달음과 그 자유로움에 관해서도 폭넓은 언급이 있다. 어떤 명주보옥도 절차탁마의 과정을 거치지 않고는 찬란한 빛을 내는 진짜 보석이 될 수 없다. 그런 것처럼 사람도 배우지 않으면 올바른 인생을 살아갈 수 없는 것이다.

原文

莊子曰『人之不學은 如登天而無術하고
學而智遠이면 如披祥雲而觀靑天하고
登高山而望四海니라』

直譯
장자가 말하기를,
"사람이 배우지 않음은 재주 없이 하늘에 오르려는 것과 같고, 배워서 아는 것이 멀면 상서(祥瑞)로운 구름을 헤치고 푸른 하늘을 보며 산에 올라 사해(四海)를 바라보는 것과 같으니라."
고 하셨다.

解說
사람이 배운다는 것은 지혜의 하늘을 날기 위한 날개를 갖추는 일이다. 배워서 지혜의 깊이를 넓혀 보아라. 그러면 온갖 사물의 이치가 활짝 열릴 것이다.

訓音讀
登 오를 등	術 꾀 술	遠 멀 원
披 헤칠 피	祥 상서 상	雲 구름 운
觀 볼 도	望 바랄 망	

原文

禮記_{예기}에 曰_왈『玉不琢_{옥불탁}이면 不成器_{불성기}하고
人不學_{인불학}이면 不知義_{부지의}니라』

直譯 〈예기〉에 말하기를,
"옥은 다듬지 않으면 그릇이 되지 못하고, 사람은 배우지 않으면 의(義)를 알지 못하느니라."
고 하였다.

解說 옥으로 하나의 그릇을 만들려면 다듬어야 한다. 마찬가지로 사람이 의를 알아 사람 구실을 할 수 있으려면 배워서 인간의 도리를 알고 인간 생활의 바른 길을 알아야 한다.

註 예기(禮記)
오경(五經)의 하나로 대성(戴聖)이 주(周)나라 말기부터 진한(秦漢) 시대의 제도와 예법 등을 수록한 책으로 주례(周禮), 의례(儀禮)와 함께 삼례(三禮)라고 한다.

訓音讀 禮 예도 례   記 기록할 기   琢 쪼을 탁
         器 그릇 기   義 옳을 의

原文

太_태公_공이 曰_왈『人_인生_생不_불學_학이면

如_여冥_명冥_명夜_야行_행이니라』

直譯 태공이 말하기를,
"사람이 배우지 않으면 어둡고 어두운 밤길을 가는 것과 같으니라."
고 하셨다.

解說 인간은 학습을 통해서 슬기로운 인격체로 거듭 태어난다. 배우지 않으면 어둡고 어두운 밤길을 걷는 것처럼 우매해진다는 것이다.

訓音讀
公 공변될 공   學 배울 학   如 같을 여
冥 어두울 명   夜 밤 야

原文

韓文_문公_공이 曰_왈

『人_인不_불通_통古_고今_금이면 馬_마牛_우而_이襟_금裾_거니라』

直譯
한문공이 말씀하기를,
"사람이 고금(古今)의 성인의 가르침을 알지 못하면 금수에 옷을 입힌 것과 같으니라."
고 하셨다.

解說
사람이 배우지 못하면 저 본능으로만 살고 있는 마소에 옷을 입혀 둔 것과 다를 바가 없다는 것이다.

註

한문공(韓文公:768~824)
당(唐)나라 덕종(德宗) 때의 문학자로 이름은 유(愈), 자는 퇴지(退之)이다. 당송(唐宋) 팔대가(八大家)의 한 사람으로 꼽힌다. 저서로는 〈창려선생집(昌黎先生集)〉이 있다.

訓音讀
漢 나라이름 한　通 통할 통　今 이제 금
馬 말　마　　　襟 옷깃 금

근학편

주문공 왈
朱文公이 曰

가약빈　　　　불가인빈이폐학
『家若貧은 不可因貧而廢學이요

가약부　　　　불가시부이태학
家若富라도 不可恃富而怠學이니

빈약근학　　　　가이입신
貧若勤學이면 可以立身이요

부약근학　　　　명내광영
富若勤學이면 名乃光榮하리니

유견학자현달　　　　불견학자무성
惟見學者顯達이요 不見學者無成이니라

학자　　내신지보
學者는 乃身之寶요

학자　　내세지진　　　　시고
學者는 乃世之珍이니라 是故로

학즉내위군자　　　　불학즉위소인
學則乃爲君子요 不學則爲小人이니

후지학자　　의가면지
後之學者는 宜各勉之니라』

直譯 주문공이 말하기를,
"집이 만약 가난하더라도 가난한 것으로 인해서 배우는 것을 버리지 말 것이요, 집이 만약 부유하더라도 부유한 것을 믿고 학문을 게을리해선 안 된다. 가난한 자가 만약 부지런히 배운다면 몸을 세울 수 있을 것이요, 부유한 자가 만약 부지런히 배운다면 이름이 더욱 빛날 것이니라. 오직 배운 자가 훌륭해지는 것을 보았으며 배운 사람으로서 성취(成就)하지 못하는 것은 보지 못했다. 배움이란 곧 몸의 보배요, 배운 사람이란 곧 세상의 보배다. 그러므로 배우면 군자가 되고 배우지 않으면 천한 소인이 될 것이니 후에 배우는 자는 마땅히 각각 힘써야 하느니라."
고 하셨다.

解說 가정형편을 탓하지 말고 배움을 게을리하지 말아야 한다. 배움이란 자신의 보배요, 배우면 귀함을 받는 군자가 될 수 있다는 것이다.

訓音讀

朱 붉을 주	廢 폐할 폐	恃 믿을 시
怠 게으를 태	榮 영화 영	顯 나타날 현
達 통달 달	珍 보배 진	勉 힘쓸 면

III 근학편

原文

徽宗皇帝曰^{휘종황제왈}

『學子^{학자}는 如禾如稻^{여화여도}하고

不學者^{불학자}는 如蒿如草^{여호여초}로다

如禾如稻兮^{여화여도혜}여 國之精糧^{국지정량}이요

世之大寶^{세지대보}로다 如蒿如草兮^{여호여초혜}여

耕者憎嫌^{경자증혐}하고 鋤者煩惱^{서자번뇌}니라

他日面墻^{타일면장}에 悔之已老^{회지이로}로다』

直 譯 휘종 황제가 말씀하기를,

"배운 사람은 낟알 같고 벼 같고, 배우지 않은 사람은 쑥 같고 풀 같도다. 아아, 낟알 같고 벼 같음이여. 나라의 좋은 양식이요 온 세상의 보배로다. 그러나 쑥

갈고 풀 갈음이여, 밭을 가는 자가 보기 싫어 미워하고 밭을 매는 자가 수고롭고 더욱 힘이 드느니라. 다음날에 서로 만날 때에 뉘우친들 이미 그때는 늦었도다."고 하셨다.

解說 젊었을 때 부지런히 배워 그 정신의 안목을 넓혀 두지 않으면 뒷날 마치 담벼락을 바라보듯 답답하기 한이 없으니 그때에야 배우지 않았음을 뉘우쳐도 이미 때는 늦는다는 것이다.

訓音讀
徽 아름다울 **휘**　　稻 벼 **도**　　蒿 쑥 **호**
憎 미울 **증**　　嫌 혐의할 **혐**　　鋤 호미 **서**
煩 번거로울 **번**　　惱 번뇌할 **뇌**

原文

論_{논어}語에 曰_왈『學_{학여불급}如不及이요
惟_{유공실지}恐失之니라』

直譯 〈논어〉에서 말하기를,
"배우기를 미치지 못한 것같이 하고, 배운 것을 잃을까 두려워할지니라."
고 하셨다.

解說 배움은 자기와의 끈질긴 줄다리기이다. 그러므로 배워도 배워도 늘 미흡한 느낌으로 정진하는 것이 중요하다는 것이다.

註 논어(論語)
사서(四書)의 하나로 공자(孔子)가 죽은 뒤에 제자들이 그의 성품과 행실과 말을 모아 엮은 책으로 7권 20편으로 되어 있는 유교의 경전(經典)이다.

訓音讀
語 말씀 어   及 미칠 급   惟 오직 유
恐 두려울 공   失 잃을 실

훈자편
訓子篇

자식을 바르게 가르치는 글

'아이들을 어떻게 가르칠 것인가?'에 대한 참다운 교훈들이 들어 있는 글이다. 예전이나 오늘날에나 완전한 하나의 인격이 완성되는 데는 그가 놓여 있는 환경과 교육의 방법이 가장 중요시되고 있다. 그런 의미에서 과학문명이 눈부시게 발달한 오늘날에도 교육의 참의미는 더없이 소중하다.

原文

景行錄에 云『賓客不來면 門戶俗하고
詩書無敎면 子孫愚니라』

直譯 〈경행록〉에 이르기를,
"손님이 오지 않으면 집안이 저속(低俗)해 지고, 시서를 가르치지 않으면 자손이 어리석어 지느니라."
고 하셨다.

解說 점잖은 손님이 출입하지 않으면 그 집은 저속해지고, 자손에게 글을 가르쳐 일깨우지 않으면 그 자손이 어리석어진다는 것이다.

註 시서(詩書)
중국 고전인 〈시경(詩經)〉과 〈서경(西經)〉을 가리키는 말이다. 여기서는 학문을 비유함.

訓音讀 賓 손 빈　客 손 객　俗 풍속 속
詩 글 시　愚 어리석을 우

原文

莊子曰『事雖小나 不作이면 不成이요
子雖賢이나 不敎면 不明이니라』

直譯 장자가 말씀하기를,
"일이 비록 작더라도 하지 않으면 이루지 못할 것이요,
자식이 비록 어질지라도 가르치지 않으면 현명하지
못하느니라."
고 하셨다.

解說 아무리 사소한 일이라도 실생활에서의 경험에서
사람됨(인간성)을 배운다는 것이다.

訓音讀 莊 장중할 장   雖 비록 수   作 지을 작
　　　　成 이룰 성   賢 어질 현   敎 가르칠 교

原文

漢^한書^서에 云^운

『黃^황金^금滿^만篇^영이 不^불如^여敎^교子^자一^일經^경이요

賜^사子^자千^천金^금이 不^불如^여敎^교子^자一^일藝^예니라』

直譯 〈한서〉에 이르기를,
"황금이 상자에 가득 차 있다 해도 자식에게 경서(經書) 하나를 가르치는 것만 같지 못하고, 자식에게 천금을 물려준다 해도 기술 한 가지를 가르치는 것만 같지 못하느니라."

解說 자식에게 유산을 물려주는 것보다 한 권의 경서를 가르쳐 삶의 지혜를 가르치고, 한 가지의 재주를 가르쳐 평생 동안 그 재주를 써먹게 하는 것이 낫다는 것이다.

註 **한서(漢書)** 전한(前漢), 즉 고조(高祖)에서 왕망(王莽)까지 229년 동안의 역사를 기록한 책으로 반표(班彪)가 시작한 것을 반고(班固)가 이루었으며, 그의 누이동생인 반소(班昭)가 고쳐 완성했다. 모두 120권으로 되어 있다.

訓音讀 漢 한수 **한**   黃 누를 **황**   滿 찰 **만**
         賜 줄 **사**   藝 재주 **예**

原文

至樂_{지락}은 莫如讀書_{막여독서}요
至要_{지요}는 莫如敎子_{막여교자}이니라

直譯 지극한 즐거움은 책을 읽는 것만 같음이 없고, 지극히 필요한 것은 자식을 가르치는 것만 같음이 없느니라.

解說 독서를 통해서 이치를 깨닫는 즐거움은 무상의 즐거움이며, 배우는 자의 성공의 첫 걸음이라는 것이다.

訓音讀 至 지극할 지 莫 없을 막 讀 읽을 독
要 요긴할 요 敎 가르칠 교

原文

呂榮公이 曰

『内無賢父兄하고 外無嚴師友이면

而能有成者는 鮮矣니라』

直譯 여영공이 말하기를,
"집안에 지혜로운 어머니와 형이 없고 밖으로 엄한 스승과 벗이 없으면 능히 뜻을 이룰 수 있는 자가 드무니라."
고 하셨다.

解說 한 사람이 성공하기까지에는 가정에서 훌륭한 부모와 형의 본보기와 가르침이 있어야 하고, 밖으로 엄격한 스승과 친구의 일깨움이 있어야 한다는 것이다.

訓音讀 榮 영화 영   嚴 엄할 엄   師 스승 사
友 벗 우   鮮 드물 선

原文

太公이 曰『男子失敎면 長必頑愚하고
女子失敎면 長必麁疎니라』

直譯

태공이 말하기를,
"남자가 가르침을 받지 못하면 자라서 반드시 미련하고 어리석어지며, 여자가 가르침을 받지 못하면 자라서 반드시 거칠고 솜씨가 없느니라."
고 하셨다.

解說

남자는 남자답게 여자는 여자답게 가르치고 키워야 한다는 것이다.

訓音讀

失 잃을 실 敎 가르칠 교 頑 미련할 완
愚 어리석을 우 疎 성길 소

原文

嚴父_는 出孝子_{하고}
  엄부   출효자

嚴母_는 出孝女_{니라}
  엄모   출효녀

直譯 엄한 아버지는 효자를 길러내고, 엄한 어머니는 효녀를 길러내느니라.

解說 아들 교육은 아버지에게, 딸 교육은 어머니에게 달려 있다는 것이다.

訓音讀
嚴 엄할 **엄** 出 날 **출** 孝 효도 **효**
子 아들 **자** 母 어미 **모**

原文

憐兒어든 多與棒하고
憎兒어든 多與食하라

(연아) (다여봉)
(증아) (다여식)

直譯 아이를 사랑하거든 매를 많이 주고, 아이를 미워하거든 먹는 것을 많이 주라.

解說 자식을 진정으로 귀여워하거든 매질을 아끼지 말라는 것이다.

訓音讀
憐 불쌍히여길 련   與 줄 여
棒 몽둥이 봉   憎 미워할 증
食 밥 시

原文

인 계 애 주 옥
人皆愛珠玉이나

아 애 자 손 현
我愛子孫賢이니라

直譯 남은 모두 귀중한 주옥을 사랑하지만, 나는 자손 어진 것을 사랑하느니라.

解說 현명하지 못한 사람은 주옥을 사랑하지만, 나는 자손 훌륭함을 사랑하겠다는 것이다.

訓音讀 皆 다 개   愛 사랑 애   珠 구슬 주
孫 손자 손   賢 어질 현

성심편

省心篇

자기의 마음을 살피는 깃을 가르치는 글

자아성장에 관한 여러 경구들을 말 그대로 집대성해 놓은 글이다. 삶의 고통스런 편린들, 뜬구름 같은 부귀영화, 그 속에서 부침하는 여러 삶의 형태 등이 짤막한 경구들 속에 함축적으로 표현되어 있다. 자신을 돌이켜보는 자아성찰의 계기로 삼아 좀 더 참된 진리의 길로 가까이 가는 것이야말로 이 편이 주는 교훈이다.

原文

景行錄에 云『寶貨는 用之有盡이요
忠孝는 享之無窮이니라』

直譯 〈경행록〉에 이르기를,
"보화(寶貨)는 쓰면 다함이 있고 충성과 효성은 누려도
다함이 없느니라."
고 하셨다.

解說 물질적인 부는 유한하지만 정신적인 인간 내면의
진실과 사랑은 무한하다는 것이다.

訓音讀
寶 보배 보   貨 재물 화   盡 다할 진
享 누릴 향   窮 다할 궁

原文

家和貧也好어니와 不義富如何요
가 화 빈 야 호   불 의 부 여 하

但存一子孝면 何用子孫多리오
단 존 일 자 효   하 용 자 손 다

直譯 집안이 화목하면 가난해도 좋거니와 의(義)롭지 않다면 부자인들 무엇하랴. 다만 한 자식이라도 효도하는 자가 있다면 자손이 많아서 무엇하리오.

解說 가정이 화목하다면 가난해도 즐거울 것이나, 의롭지 못한 부를 누린다면 무슨 행복이 있겠는가? 또, 한 자식이라도 제대로 키워 사회에 공헌하고 부모의 뜻을 잘 받든다면 자식이 많음을 부러워할 이유가 없다는 것이다.

訓音讀
和 화할 **화**   貧 가난할 **빈**   義 옳을 **의**
富 부자 **부**   但 다만 **단**   孫 손자 **손**

성심편

原文

부불우심인자효   부무번뇌시처현
父不憂心因子孝요 夫無煩惱是妻賢이라

언다어실개인주   의단친소지위전
言多語失皆因酒요 義斷親疎只爲錢이라

直譯
아버지가 근심하지 않음은 자식이 효도하기 때문이요, 남편이 번뇌가 없는 것은 아내가 어질기 때문이다. 말이 많아 말에 실수함은 술 때문이요, 의가 끊어지고 친함이 갈라지는 것은 오직 돈 때문이니라.

解說
가장은 자식의 효도와 아내의 내조가 절대적이다. 또 인간관계에서는 술로 인한 말의 실수와 금전문제를 가장 삼가야 한다는 것이다.

訓音讀
憂 근심 우   煩 번거로울 번   惱 번뇌할 뇌
斷 끊을 단   爲 할   위

原文

既^기取^취非^비常^상樂^락이어든
須^수防^방不^불測^측憂^우니라

直譯

이미 심상치 못한 즐거움을 가졌거든 모름지기 헤아릴 수 없는 근심을 방비할 것이니라.

解說

즐거움을 누리거든 반드시 닥칠 근심을 생각하라는 말이다.

訓音讀

既 이미 기   憂 근심 우   須 모름지기 수
防 막을 방   測 헤아릴 측

原文

得寵思辱하고
居安慮危니라

直譯 사랑을 받거든 욕됨을 생각하고, 편안함에 거(居)하거든 위태함을 생각할 것이니라.

解說 부귀와 영화를 가볍게 누리면 그만큼 욕됨이 적은 것이요, 이익이 무거우면 그에 따른 손해가 크다는 것이다.

訓音讀
寵 사랑할 총   辱 욕될 욕   居 살 거
慮 생각 려   危 위태할 위

原文

榮輕辱淺하고

利重害深이니라

直譯 영화가 가벼우면 욕됨이 얕고 이(利)가 무거우면 해(害)도 깊으니라.

解說 부귀와 영화를 가볍게 누리면 그만큼 욕됨이 적은 것이요, 이익이 무거우면 그에 따른 손해가 크다는 것이다.

訓音讀 榮 영화 **영**   輕 가벼울 **경**   辱 욕될 **욕**
         淺 얕을 **천**   深 깊을 **심**

성심편

原文

甚愛必甚費요 甚譽必甚毀요
甚喜必甚憂요 甚臟必甚亡이니라

直譯 사랑이 심하면 반드시 심한 소모를 가져오고, 칭찬받음이 심하면 반드시 심한 헐뜯음을 가져온다. 기뻐함이 심하면 반드시 심한 근심을 가져오고, 뇌물 탐(貪)함이 심하면 반드시 심한 멸망을 가져오느니라.

解說 잘 나가는 것도 중요하지만 그보다도 멈출 줄 아는 것이 더 중요하다는 것이다.

訓音讀 甚 심할 심   費 쓸 비   譽 명예 예
          毀 헐 훼   臟 뇌물받을 장

原文

子曰『不觀高崖면 何以知顚墜之患이며
_{자왈 불관고애 하이지전추지환}

不臨深淵이면 何以知沒溺之患이며
_{불림심연 하이지몰닉지환}

不觀巨海면 何以知風波之患이리오』
_{불관거해 하이지풍파지환}

直譯

공자가 말씀하시기를,
"높은 낭떠러지를 보지 않으면 어찌 굴러 떨어지는 환난을 알며, 깊은 샘에 가지 않으면 어찌 빠져 죽을 환난을 알며, 큰 바다를 보지 않으면 어찌 풍파가 일어나는 무서운 환난을 알리요."
라고 하셨다.

解說

백문이불여일견(百聞而不如一見)이라는 말이다.

訓音讀

崖 낭떠러지 애   顚 꼭대기 전   墜 떨어질 추
臨 임할 림   溺 빠질 닉

原文

欲知未來인대

욕 지 미 래

先察已然이니라

선 찰 이 연

直譯 미래를 알려거든 먼저 지나간 일을 살펴보라.

解說 다가올 미래를 알고 싶으면 이미 지나온 과거를 반추해 보라는 것이다.

訓音讀 欲 하고자할 욕　　來 올 래　　知 알 지
　　　　察 살필 찰　　然 그럴 연

原文

子曰『明鏡은 所以察形이오
往古는 所以知今이니라』

(자왈 명경 소이찰형 왕고 소이지금)

直譯 공자가 말씀하시기를,
"밝은 거울은 얼굴을 살필 수 있고, 지나간 일은 현재를 알 수 있느니라."
고 하셨다.

解說 과거는 현재의 거울이며 역사는 현재와 미래를 가늠하는 잣대가 된다는 것이다.

訓音讀
鏡 거울 **경** 　所 바 **소** 　往 갈 **왕**
者 놈 **자** 　察 살필 **찰**

原文

過去事_{과거사}는 如明鏡_{여명경}이요
未來事_{미래사}는 暗似漆_{암사칠}이니라

直譯 지나간 일은 밝은 거울 같고 미래의 일은 칠흑(漆黑)과 같느니라.

解說 전혀 예측할 수 없는 돌발적인 상황에서 음미할 교훈인 것이다.

註 암사칠(暗似漆)
어둡기가 칠흑과 같다.

訓音讀
過 지날 과   鏡 거울 경   來 올 래
暗 어두울 암   漆 옻 칠

原文

景_{경행록}行錄에 云_운

『明_명朝_조之_지事_사를 薄_박暮_모에 不可必_{불가필}이요

薄_박暮_모之_지事_사를 哺_포時_시에 不可必_{불가필}이니라』

直譯 〈경행록〉에 이르기를,
"내일 아침의 일을 저녁때에 가히 그렇게 된다고 알지 못할 것이요, 저녁때의 일을 오후 네 시(哺時)쯤 가히 꼭 그렇게 된다고 알지 못할 것이니라."
고 하셨다.

解說 앞날을 예측할수 없는 삶을 살아가지만 하루하루를 충실히고 최선을 다하사는 것이다.

訓音讀   朝 아침 조   薄 얇을 박   暮 저물 모
　　　　　 哺 신시 포   時 때 시

137 성심편

原文

天유불측풍우
天有不測風雨하고

인유조석화복
人有朝夕禍福이니라

直譯 하늘에는 예측할 수 없는 비바람이 있고, 사람은 아침 저녁으로 화(禍)와 복(福)이 있느니라.

解說 하루의 날씨를 예측할 수 없는 것처럼 우리 인간사에도 아침저녁으로 예측하지 못하는 행복과 불행이 닥쳐올 수 있다.

訓音讀 測 헤아릴 **측**　　風 바람 **풍**　　雨 비 **우**
　　　　　禍 재앙 **화**　　福 복 **복**

原文

미귀삼척토   난보백년신
未歸三尺土하여는 難保百年身이요

이귀삼척토   난보백년분
已歸三尺土하여는 難保百年墳이니라

直譯 석 자되는 흙 속으로 돌아가지 아니하고는 백 년의 몸을 보전하기 어렵고, 이미 석 자되는 흙 속으로 돌아가서는 백 년 동안 무덤을 보전키 어려울 것이니라.

解說 운명의 틀 속에서 인간은 무력하고 겸허하다는 것으로 사리사욕에 얽매이지 말고 살아가라는 것이다.

訓音讀 歸 돌아갈 귀 難 어려울 난 保 보호할 보
         身 몸 신   墳 무덤 분

景行錄에 云

『木有所養則根本固而枝葉茂하여

棟樑之材成하고

水有所養則泉源壯而流派長하여

灌漑之利博하고

人有所養則志氣大而識見明하여

忠義之士出하니 可不養哉아』

直譯 〈경행록〉에 이르기를,
"나무를 잘 기르면 뿌리가 튼튼하고 가지와 잎이 무성해서 동량(棟樑)의 재목을 이루고, 수원(水源)을 잘 만

들어 놓으면 물줄기가 풍부하고 흐름이 길어서 관개(灌漑)의 이익이 베풀어지고, 사람을 기르면 마음과 기상이 뛰어나고 식견이 밝아져서 충의(忠義)의 선비가 나온다. 어찌 기르지 않을 것이냐."
고 하였다.

解說 사람이 타고난 자질이 아무리 훌륭하다 해도 어려서부터 그 뜻과 기상을 크게 하고, 지식을 폭넓게 가르쳐야 훗날 국가와 사회에 크게 공헌할 인물을 길러낼 수 있다는 것이다.

訓音讀

養 기를　양　　　根 뿌리　근
固 굳을　고　　　枝 가지　지
茂 무성할 무　　　棟 마룻대 동
樑 들보　량　　　泉 샘　　천
源 근원　원　　　派 물나눌 파
灌 물댈　관　　　漑 물댈　개

성심편

原文

自^자身^신者^자는 人^인亦^역信^신之^지하나니

吳^오越^월이 皆^개亨^형弟^제요

自^자疑^의者^자는 人^인亦^역疑^의之^지하나니

身^신外^외는 皆^개敵^적國^국이니라

直譯

스스로를 믿는 자는 남도 또한 자기를 믿나니 오나라와 월나라와 같은 적국 사이라도 형제와 같이 될 수 있고, 스스로를 믿지 못하는 자는 남도 또한 자기를 믿어 주지 않으니 자기 이외에는 모두 원수와 같은 나라가 되느니라.

解說

스스로의 가치와 능력을 믿어야 남도 자신을 믿어 준다는 것이다.

註

오월(吳越)
전국 시대의 오나라와 월나라를 말하는 것으로 오왕 부차(吳王夫差)와 월왕 구천(越王 句踐)이 서로 싸워 원수의 나라 사이였음.

訓音讀	吳 나라 오	越 나라 월	皆 다 개
	疑 의심 의	敵 대적할 적	國 나라 국

原文

의인막용
疑人莫用하고

용인물의
用人勿疑니라

直譯 사람을 의심하거든 쓰지 말고, 사람을 쓰거든 의심치 말지니라.

解說 무엇보다도 큰 재산은 사람인 것이다. 따라서 사람을 잘 써야 지도자로서 성공할 수 있다는 것이다.

訓音讀	疑 의심할 의	人 사람 인	莫 없을 막
	用 쓸 용	勿 말 물	

原文

諷諫에 云『水底魚天邊雁은 高可射兮

低可釣어니와 惟有人心咫尺間에

咫尺人心不可料니라』

直譯 〈풍간〉에 이르기를,
"물 속 깊이 있는 고기와 하늘 높이 떠 날으는 기러기는 쏘고 낚을 수 있거니와 오직 사람의 마음은 바로 지척 간에 있음에도 이 지척 간에 있는 마음은 가히 헤아릴 수 없느니라."
고 하였다.

解說 사람의 마음을 헤아리기가 어려움을 말한 것이다.

註 풍간(諷諫) 책 이름

訓音讀
諷 풍자할 풍　諫 간할 간　底 밑 저
邊 가 변　雁 기러기 안　射 쏠 사
釣 낚을 조　咫 지척 지　料 헤아릴 료

原文

畫虎畫皮難畫骨이요
_{화 호 화 피 난 화 골}

知人知面不知心이니라
_{지 인 지 면 부 지 심}

直譯 범을 그리되 모양은 그릴 수 있으나 뼈는 그리기 어렵고, 사람을 알되 얼굴은 알지만 마음은 알지 못하느니라.

解說 모든 사물의 겉모습은 눈으로 보고도 알 수 있으나 그 사물의 속은 알 수 없다는 것이다.

訓音讀
畫 그림 화   虎 범 호   皮 가죽 피
骨 뼈 골   知 알 지

原文

對面共話하되
_{대면공화}

心隔千山이니라
_{심격천산}

直譯
얼굴을 맞대고 서로 이야기는 하되 마음은 여러 산이 막혀 있는 것처럼 멀리 떨어져 있느니라.

解說
인간관계에서 상대의 마음을 헤아린다는 것은 너무나 어렵다. 따라서 알기 어려운 인간의 마음을 많이 경계하고 있는 것이다.

註
격천산(隔千山)
천산(千山)이라 함은 수없이 많은 산을 뜻한다. 천산을 격해 있다 하는 것은 서로 간의 거리가 먼 것을 표현하는 것임.

訓音讀
對 대할 대   面 낯 면   共 함께 공
話 말씀 화   隔 사이뜰 격

原文

太_태公_공이 曰_왈『凡_범人_인은 不_불可_가逆_역相_상이요
海_해水_수는 不_불可_가斗_두量_량이니라』

直譯 태공이 말하기를,
"보통 사람은 앞날을 점칠 수 없고, 바닷물은 가히 말(斗)로 그 양을 잴 수 없느니라."
고 하셨다.

解說 인간의 운명과 신의 섭리는 너무나 오묘해서 미리 헤아릴 수 없다는 것이다.

訓音讀 凡 무릇 범   逆 거스릴 역   相 서로 상
斗 말 두   量 헤아릴 량

147 성심편

原文

_{경행록 운 결원어인 위지종화}
景行錄에 云『結怨於人은 謂之種禍요

_{사선불위 위지자적}
捨善不爲는 謂之自賊이니라』

直譯 〈경행록〉에 이르기를,
"남과 원수를 맺는 것은 재앙의 씨를 심는 것이라 말하고, 착한 것을 버리고 착한 일을 하지 않는 것은 스스로를 해치는 것과 같으니라."
고 하셨다.

解說 선을 버리고 행하지 않는 것은 결국 스스로를 해친다는 것이다.

訓音讀 怨 원망할 **원**   謂 이를 **위**   種 씨 **종**
捨 버릴 **사**   賊 도적 **적**

若聽一面說_{약청일면설}이면

便見相離別_{변견상이별}이니라

直譯 만약 한쪽의 말만 들으면 친한 사이가 갑자기 멀어짐을 볼 것이니라.

解說 남의 말을 신중히 듣고 주관적으로 옳고 그름을 판단하지 말고, 좀 더 객관적이고 합리적으로 받아들이는 태도가 필요하다는 것이다.

訓音讀 若 같을 **약**　聽 들을 **청**　說 말씀 **설**
　　　　離 떠날 **리**　別 나눌 **별**

原文

飽煖(포난)엔 思淫慾(사음욕)하고
飢寒(기한)엔 發道心(발도심)이니라

直譯 배가 부르고 따뜻한 곳에서 호강하고 살면 음욕(淫慾)이 생기고, 굶주리고 추운 곳에서 고생하며 살면 도심(道心)이 일어 나느니라.

解說 우리는 부귀와 안락을 누리면서도 도와 진리를 추구하면서 살아가야 한다는 것이다.

訓音讀 飽 배부를 포   煖 따뜻할 난   淫 음란할 음
         飢 주릴 기   發 필 발

原文

疎廣이 曰『賢人多財則損其志하고
愚人多財則益其過니라』

直譯 소광이 말하기를,
"어진 사람이 재물이 많으면 그 뜻을 손상하고, 어리석은 사람이 재물이 많으면 허물이 더 하느니라."
고 하셨다.

解說 아무리 고결하게 살고자 하는 사람도 재물이 많으면 교만해지고 사치를 하며, 어리석은 사람은 그로 인해 방자해지고 타락해질 수밖에 없다는 것이다.

註 소광 한(漢)나라 때 사람으로 자는 중옹(仲翁).

訓音讀 疏 트일 소　　賢 어질 현　　財 재물 재
　　　　　損 덜 손　　　志 뜻 지

原文

人貧智短하고

福至心靈이니라

直譯 사람이 가난하면 지혜가 짧아지고, 복에 이르면 마음이 존귀하여 지느니라.

解說 사람이 너무 가난하면 우선 먹고 살기에 경황이 없어 생각이 단순해지므로 최소한의 경제력은 있어야 한다. 경제적으로 풍족하면 자기 의지에 따라 행동할 수 있어 마음도 넓어지고, 너그러워지며, 고상한 품위를 간직할 수 있다는 것이다.

訓音讀 貧 가난할 빈 智 지혜 지 短 짧을 단
福 복 복 靈 신령 령

原文

不經一事^{불경일사}면
不長一智^{부장일지}니라

直譯 한 가지의 일이라도 경험하지 아니하면 그 일에 대한 한 가지의 지혜도 자라지 아니하느니라.

解說 성공의 경험보다는 실패와 좌절의 경험이 주는 값진 교훈은 일생을 살아가면서 우리의 삶에 보탬을 준다는 것이다.

訓音讀
不 아닐 **불**   經 지날 **경**   一 한 **일**
事 일 **사**   智 지혜 **지**

原文

是^시非^비終^종日^일有^유라도
不^불聽^청自^자然^연無^무니라

直譯 하루 종일 옳고 그름을 따지더라도 이를 들은 척하지 않으면 저절로 없어지느니라.

解說 누가 하루 종일 시비를 걸더라도 대꾸하지 않으면 그만이라는 것이다.

訓音讀
是 옳을 시   自 스스로 자   終 끝날 종
聽 들을 청   然 그럴 연

原文

來說是非者는
내 설 시 비 자

便是是非人이니라
변 시 시 비 인

直譯 찾아와서 내게 시비(옳고 그름)를 말하는 자는 이것이 곧 나에게 시비를 거는 사람이니라.

解說 모든 사람과 조화를 이루고 화목하게 지내는 것은 좋으나 쓸데없이 시비에 동조해서는 안 된다는 것이다.

訓音讀
來 올 래   說 말씀 설   者 놈 자
非 그를 비   便 곧 변

155 성심편

原文

擊壤時에 云『平生에 不作皺眉事하면
世上에 應無切齒人이니 大名을
豈有鐫頑石가 路上行人이 口勝碑니라』

直譯 〈격양시〉에 이르기를,
"평생에 눈썹 찌푸린 일을 하지 않으면 세상에 이를 갈 원수 같은 사람이 없을 것이니, 크게 떨친 이름을 어찌 뜻 없는 돌에 새길 것인가. 길 가는 사람들이 하는 말이 비석(碑石)보다 나으리라."

解說 칭찬받는 일을 하기에 앞서 남이 눈썹 찡그릴 일은 하지 말아야하며, 업적을 스스로 자랑하여 비석에 그 이름과 공을 새기는 것보다는 다른 사람들의 입으로 전해지는 업적이 더 진정한 업적이라는 것이다.

訓音讀
皺 주름살 추 　眉 눈썹 미　 碑 비석 비
鐫 새길 전　 頑 완고할 완　 勝 이길 승

原文

有麝自然香이니
_{유 사 자 연 향}

何必當風立가
_{하 필 당 풍 립}

直譯 사향(麝香)을 지녔으면 저절로 향기로운데 어찌 반드시 바람이 불어야만 향기가 나겠는가.

解說 사람이 훌륭하고 덕망이 높으면 구태여 자랑하지 않아도 모두가 알아 흠모하기 마련이므로 평소에 덕을 쌓으라는 것이다.

註
사향(麝香)
사향노루·사향고양이 등의 수컷의 향낭에서 채취한 흑갈색 가루로 특수한 냄새를 풍김.

訓音讀
有 있을 유   麝 사향노루 사   香 향기 향
當 당할 당   風 바람 풍

성심편

原文

유복막향진   복진신빈궁
有福莫享盡하라 **福盡身貧窮**이요

유세막사진   세진원상봉
有勢莫使盡하라 **勢盡寃相逢**이니라

복혜상자석   세혜상자공
福兮常自惜하고 **勢兮常自恭**하라

인생교여치   유시다무종
人生驕與侈는 **有始多無終**이니라

直譯 복이 있다 해도 다 누리지 말라. 복이 다하면 몸이 빈궁해질 것이요, 권세가 있다 해도 함부로 부리지 말라. 권세가 다하면 원수와 서로 만나느니라. 복이 있거든 항상 스스로 아끼고, 권세가 있거든 항상 스스로 겸손하라. 사람에 있어서 교만과 사치는 시작은 있으나 흔히 나중에는 없는 경우가 많으니라.

解說 늘 절제하고 검허하며 만족하고 감사하며 살아야 한다는 것이다.

訓音讀 享 누릴 향   寃 원통할 원   逢 만날 봉
            驕 교만할 교   終 마칠 종

原文

巧者が는 拙之奴요

苦者が는 樂之母니라

(直譯) 재주는 졸렬함의 종이 되고, 괴로움은 즐거움의 근본이 되느니라.

(解說) 재주를 익히기 이전에 겸손하고 풍부한 인격을 갖추기 위해서 노력하여야 하며, 또한 괴로움은 훗날 즐거움의 모태가 된다는 것이다.

訓音讀
巧 공교로울 **교**   拙 옹졸할 **졸**   奴 종 **노**
苦 괴로울 **고**   樂 즐길 **락**

原 文

王參政四留銘에 曰

『留有餘不盡之巧하여 以還造物하고

留有餘不盡之祿하여 以還朝廷하고

留有餘不盡之財하여 以還百姓하고

留有餘不盡之福하여 以還子孫이니라』

直 譯 왕참정의 〈사류명〉에서 말하기를,
"여유 있는 재주를 다 쓰지 않았다가 조물주에게 돌려주고, 여유 있는 복록을 다 쓰지 않았다가 백성에게 돌려주며, 여유 있는 복을 다 누리지 않았다가 자손에게 돌려줄지니라."

解 說 재주도, 지위도, 복도, 돈도 마음껏 누리는 것이 중요한 것이 아니라, 스스로 억제하고 남에게 베풀 때 그 행복이 오래 간다는 것이다.

| 訓音讀 | 參 참여할 참　　留 머물를 류　　銘 새길 명
| | 巧 교묘할 교　　還 돌아올 환　　祿 녹 록
| | 廷 조정 정

原文

黃金千兩이 未爲貴요
(황금천냥)　(미위귀)

得人一語가 勝千金이니라
(득인일어)　(승천금)

直譯　황금 천 냥이 귀한 것이 아니요, 사람의 좋은 말 한 마디 듣는 것이 천금(千金)보다 나으니라.

解說　좋은 말 한 마디가 인간에게 주는 교훈이 크다는 것이다.

| 訓音讀 | 黃 누를 황　　爲 할 위　　貴 귀할 귀
| | 得 얻을 득　　勝 이길 승

原文

小_{소선}船은 難_{난감중재}堪重載요
深_{심경}逕은 不_{불의독행}宜獨行이니라

直譯 작은 배는 무겁게 싣는 것을 견디기 어렵고, 으슥한 길은 혼자 다니기에 좋지 못하느니라.

解說 사람이 제 분수에 넘치는 과욕을 부리면 망한다. 또한 모든 일은 바르게 해야 한다는 것이다.

訓音讀
船 배 선   堪 견딜 감   載 실을 재
逕 길 경   獨 홀로 독

原文

黃金이 未是貴요
(황금) (미시귀)

安樂이 值錢多니라
(안락) (치전다)

直譯 황금이 귀한 것이 아니요, 편안하고 즐거움이 돈보다 값어치가 많으니라.

解說 황금은 귀한 것이 아니라 마음이 편안하고 즐거운 것이 값어치가 있다는 것이다.

訓音讀
是 옳을 시   貴 귀할 귀   樂 즐길 락
值 가격 치   錢 돈 전

原文

在家_에 不會邀賓客_{이면}
出外_에 方知少主人_{이니라}

(재가 불회요빈객 / 출외 방지소주인)

直譯

집에 손님을 맞아 대접할 줄 모르면 밖에 나가서 다른 집에 손님으로 가 보아야 나를 빈객으로 대접할 주인이 적은 줄 아느니라.

解說

내가 대접받고자 하면 먼저 남을 대접하여야 한다는 것이다.

訓音讀

家 집 가   會 모일 회   邀 맞을 요
賓 손 빈   客 손 객

原文

^{빈 거 뇨 시 무 상 식}
貧居鬧市無相識이니

^{부 주 심 산 유 원 친}
富住深山有遠親이니라

直譯

가난하게 살면 번화한 시장거리에 살아도 서로 아는 사람이 없고, 부유하게 살면 깊은 산골에 살아도 먼 데서 찾아오는 친구가 있느니라.

解說

가까운 친지나 이웃이라 해도 가난하면 사람들이 피하려 하고, 부유하면 다정히 접근하고자 한다는 것이다.

訓音讀

市 저자 시	識 알 식	深 깊을 심
遠 멀 원	親 친할 친	親 시끄러울 친

原文

人의 진종빈처단
人義는 盡從貧處斷이요

세정 변향유전가
世情은 便向有錢家니라

直譯 사람의 의리는 다 가난 때문에 끊어지고, 세상의 인정은 곧 돈 있는 집으로 쏠리느니라.

解說 인간의 의리와 세상의 인정이 얼마나 비정한가를 안다면 내가 경제적으로 남의 도움을 받는 처지는 되지 말아야 한다는 것이다.

訓音讀
盡 다할 진   從 좇을 종   貧 가난할 빈
斷 끊을 단   錢 돈 전

原文

史記_에 曰『郊天禮廟_는 非酒不享_{이요}
_{사기   왈 교천예묘   비주불향}

君臣朋友_는 非酒不義_요
_{군신붕우   비주불의}

鬪爭相和_는 非酒不勸_{이라}
_{투쟁상화   비주불권}

故_로 酒有成敗而不可泛飮之_{니라}』
_{고   주유성패이불가범음지}

直譯 〈사기〉에서 말하기를,
"하늘에 제사를 지내고 사당에 제례 올림에도 술이 아니면 제물을 받지 않을 것이요, 임금과 신하·벗과 벗 사이에도 술이 아니면 의리가 두터워지지 않을 것이요, 싸움을 하고 서로 화해함에도 술이 아니면 권하지 못할 것이다. 그러므로 술은 성공과 실패가 있으니 이를 마시되 함부로 마시면 안 되느니라."

解說 술은 인생의 성공과 실패를 좌우할 수 있으므로 항상 조심하라는 것이다.

訓音讀
郊 들 교   廟 사당 묘   朋 벗 붕
友 벗 우   鬪 싸울 투   爭 다툴 쟁
敗 패할 패   泛 뜰 범

성심편

原文

子曰『士志於道而恥惡衣惡食者는
未足與議也니라』

直譯

공자가 말씀하시기를,
"선비가 도(道)에 뜻을 두면서 악의악식(惡衣惡食)을 부끄러워하는 자는 서로 더불어 의논할 사람이 못되느니라."
고 하셨다.

解說

호의호식하는 자는 함께 도를 논의할 자격이 없다는 것이다.

註

악의악식(惡衣惡食)
거친 옷을 입고 맛없는 음식을 먹음. ↔ 호의호식(好衣好食)

訓音讀

志 뜻 지　　恥 부끄러울 치　　惡 악할 악
與 더불 여　　議 의논할 의

原文

荀子曰『士有妬友則賢交不親하고
君有妬臣則賢人不至니라』

直譯 순자가 말하기를,
"선비가 벗을 시기하는 일이 있으면 어진 벗과 친할 수 없고, 임금이 신하를 시기하는 일이 있으면 어진 신하가 오지 않느니라."
고 하셨다.

解說 시기하는 사람을 가까이 두지 말라는 것이다.

訓音讀 荀 풀 순   妬 투기할 투   賢 어질 현
親 진할 친   至 이를 지

原文

天^천不^불生^생無^무祿^록之^지人^인하고
天不生無祿之人하고

地^지不^부長^장無^무名^명之^지草^초니라
地不長無名之草니라

直譯 하늘은 녹(祿) 없는 사람을 내지 않고, 땅은 이름 없는 풀을 기르지 않느니라.

解說 누구나 천부의 인권이 있고, 먹고 살 능력이 있으며, 이 세상을 살아가야 할 의미가 있다는 것이다.

訓音讀
無 없을 무   祿 녹 록   地 땅 지
名 이름 명   草 풀 초

原文

大富는 由天하고

小富는 由勤이니라

直譯 큰 부자는 하늘에 달려 있고, 작은 부자는 부지런한 데 달려 있느니라.

解說 큰 부자는 운명적으로 정해져 있고, 작은 부자는 근면하고 부지런한 데에 따라 정해진다는 것이다.

訓音讀
大 큰 대   富 부자 부   由 말미암을 유
天 하늘 천   勤 부지런할 근

原文

성가지아　석분여금
成家之兒는 **惜糞如金**하고
패가지아　용금여분
敗家之兒는 **用金如糞**이니라

直譯 집을 일으킬 아이는 똥을 아끼기를 금같이 하고, 집을 망칠 아이는 돈 쓰기를 똥과 같이 하느니라.

解說 어려서부터 근검절약하도록 자식을 키우지 않으면 아무리 많은 재산도 오래 가지 못한다는 것이다.

訓音讀 成 이룰 성　　家 집 가　　惜 아낄 석
　　　　 糞 똥 분　　敗 패할 패

감탄인심독사사　　　수지천안전여차
堪歎人心毒似蛇라 **誰知天眼轉如車**요
거년망취동린물　　　금일환귀북사가
去年妄取東隣物터니 **今日還歸北舍家**라
무의전재탕발설　　　당래전지수추사
無義錢財湯潑雪이요 **儻來田地水推沙**라
약장교휼위생계　　　흡사조개모락화
若將狡譎爲生計면 **恰似朝開暮落花**라

直譯 사람의 마음이 독하기가 뱀 같음을 한탄하여 마지않는다. 누가 하늘에서 보는 눈이 수레바퀴처럼 돌아가고 있음을 알 것이요. 지나간 해에 망령되게 동녘 이웃의 물건을 탐내어 가져왔더니, 오늘엔 어느덧 북녘집으로 돌아갔구나. 의리가 아니게 취한 돈과 재물은 끓는 물에서 녹는 눈과 같이 없어질 것이요. 뜻밖에 얻어진 전답(田畓)은 물에 밀려 온 모래이니라. 만약 교활한 꾀로써 생활하는 방법을 삼는다면 그것은 흡사 아침에 피었다가 저녁에 시들어지는 꽃과 같이 오래 가지 못하느니라.

訓音讀
堪 견딜 감　　毒 독할 독　　蛇 뱀 사
隣 이웃 린　　潑 물뿌릴 발　　狡 간교할 교
譎 속일 휼　　恰 마치 흡

原文

眞宗皇帝御製에 曰

『知危識險이면 終無羅網之門이요

擧善薦賢이면 自有安身之路라

施仁布德은 乃世代之榮昌이요

懷妬報寃은 與子孫之爲患이라

損人利己면 終無顯達雲仍이요

害衆成家면 豈有長久富貴리요

改名異體는 皆因巧語而生이요

禍起傷身은 皆是不仁之召니라』

直譯 진종황제가 말하기를,

"위태함을 알고 험한 것을 알면 마침내 그물에 걸리는 일이 없을 것이요, 선한 일을 받들고 착한 이를 추켜올리고 어진 사람을 천거하면 스스로 내 몸이 편안한 길이 되고, 인(仁)을 베풀고 덕(德)을 폄은 곧 대대(代代)로 번영을 가져올 것이다. 시기하는 마음을 품고 원한에 보복함은 자손에게 근심을 끼쳐 주는 것이요, 남을 해롭게 해서 자기를 이롭게 한다면 마침내 현달한 자손이 없고, 뭇 사람을 해롭게 해서 자기 집안을 이루게 한다면 어찌 그 부귀(富貴)가 길게 가겠는가. 이름을 바꾸고 몸을 달리함은 모두 교묘한 말로 말미암아 생겨나고, 재앙이 일어나고 몸이 상하게 됨은 다 어질지 못함이 불러들이는 것이니라."
고 하셨다.

解說 항상 어질고, 선행을 베풀고, 음덕을 쌓아 공경으로 남을 대하여 불의의 재앙을 막으라는 것이다.

註 진종 황제(眞宗皇帝: 968~1022) 북송(北宋)의 제3대 황제.

訓音讀
御 모실 어 危 위태로울 위 險 험할 험
羅 벌릴 라 網 그물 망 薦 천거할 천
悔 품을 회 體 몸 체

신종황제어제 왈
神宗皇帝御製에 曰

원비도지재 계과도지주
『遠非道之財하고 戒過度之酒하며

거필택린 교필택우
居必擇隣하고 交必擇友하며

질투 물기어심
嫉妬를 勿起於心하고

참언 물선어구
讒言을 勿宣於口하며

골육빈자 막소 타인부자
骨肉貧者를 莫疎하고 他人富者를

막후 극기 이근검위선
幕厚하며 克己는 以勤儉爲先하고

애중 이겸화위수
愛重은 以謙和爲首하며

상사이왕지비 매념미래지구
常思已往之非하고 每念未來之咎하라

약의짐지사언 치국가이가구
若依朕之斯言이면 治國家而可久니라』

直譯 신종 황제가 말하기를,

"사람으로써 도리에 어긋나는 재물은 멀리하고, 정도에 지나치는 술을 경계하며, 반드시 이웃을 가려 살고, 벗을 가려 사귀며, 남을 시기하는 마음을 일으키지 말고, 남을 헐뜯어 말하지 말며, 동 기간의 가난한 자를 소홀히 하지 말고, 부유한 자에게 아첨하지 말고, 자기의 사욕을 극복하는 것은 부지런하고 아껴 쓰는 것이 첫째이고, 사람을 사랑하되 겸손하고 화평함을 첫째로 삼을 것이며, 언제나 지나간 날의 잘못됨을 생각하고, 또 앞날의 허물을 생각하라. 만약 나의 한 말을 잘 따른다면 나라와 집안을 다스림이 가히 오래 갈 것이니라."
고 하셨다.

註 신종 황제(神宗皇帝: 1048~1085) 북송(北宋)의 제6대 황제.

訓音讀
斯 이 사   度 법도 도   擇 가릴 택
嫉 투기할 질   讒 참소할 참   咎 허물 구
朕 나 짐

原文

高宗皇帝御製(고종황제어제)에 曰(왈)

『一星之火(일성지화)도 能燒萬頃之薪(능소만경지신)하고

半句非言(반구비언)도 誤損平生之德(오손평생지덕)이라

身被一縷(신피일루)나 常思織女之勞(상사직녀지로)하고

日食三飧(일식삼손)이나 每念農夫之苦(매념농부지고)하라

苟貪妬損(구탐투손)은 終無十載安康(종무십재안강)하고

積善存仁(적선존인)이면 必有榮華後裔(필유영화후예)니라

福緣善慶(복연선경)은 多因積行而生(다인적행이생)이요

入聖超凡(입성초범)은 盡是眞實而得(진시진실이득)이니라』

直譯 고종 황제가 말하기를,

"한 점의 불씨도 능히 드넓은 숲을 태우고, 짧은 반 마디 그릇된 말이 평생의 덕을 허물어뜨린다. 몸에 한 오라기의 실을 입었어도 항상 베짜는 여자의 수고로움을 생각하고 하루 세 끼니의 밥을 먹거든 농부(農夫)의 힘드는 것을 생각하라. 미워하고 탐내고 시기해서 남에게 손해를 끼친다면 마침내 10년의 편안함도 없을 것이요, 선(善)을 쌓고 인(仁)을 보존하면 반드시 후손(後孫)들에게 영화가 있으리라. 행복과 경사는 대부분의 선행(善行)을 쌓는 데서 생겨나고, 범용(凡庸)을 초월해서 성인의 경지에 들어가는 것은 다 진실함으로써 얻어지는 것이니라."
고 하셨다.

註 고종 황제(高宗皇帝: 1107~1187) 남송(南宋)의 초대 황제.

訓音讀

燒 불사를 소	薪 땔나무 신	頃 이랑 경
誤 그르칠 오	織 짤 직	苟 구찰할 구
載 실을 재	康 편안 강	裔 후손 예
緣 인연 연	超 뛸 초	盡 다할 진

성심편

原文

王良^{왕량}이 曰^왈 『欲知其君^{욕지기군}이면 先視其臣^{선시기신}하고

欲識其人^{욕식기인}이면 先視其友^{선시기우}하고

欲知其父^{욕지기부}이면 先視其子^{선시기자}하라

君聖臣忠^{군성신충}하고 父慈子孝^{부자자효}이니라』

直譯 왕량이 말하기를,

"그 임금을 알려고 한다면 먼저 그 신하를 보고, 그 사람을 알려고 한다면 먼저 그 벗을 보고, 그 아비를 알려고 한다면 먼저 그 자식을 보라. 임금이 거룩하면 그 신하가 충성스럽고, 아비가 인자(仁慈)하면 자식이 효성스러우니라."

고 하셨다.

註 **왕량(王良)** 춘추(春秋) 시대 진(晉)나라 사람.

訓音讀 良 어질 량   欲 하고자할 욕   知 알 지
　　　　 臣 신하 신   慈 사랑할 자

原文

家語에 云『水至淸則無魚하고
人至察則無徒니라』

直譯 〈가어〉에 이르기를,
"물이 지나치게 맑으면 고기가 없고, 사람이 지나치게
똑똑하면 친구가 없느니라."
고 하셨다.

解說 지나치게 결벽하면 삶이 어려워지고, 자기의 잣대로 상대방의 완전함을 요구하면 남과 어울려 살 수가 없다는 것이다.

註 가어(家語)
공자가어(孔子家語)를 말하며, 공자의 언행과 세상에 드러나지 않은 사실들을 모은 책으로 현재 전하는 것은 10권이다.

訓音讀 淸 맑을 청   則 곧 즉   無 없을 무
            察 살필 찰   徒 무리 도

原文

許敬宗이 曰

『春雨如膏나 行人은 惡其泥濘하고

秋月이 揚輝나 盜者는 憎其照鑑이니라』

直譯 허경종이 말하기를,
"봄비는 땅을 기름지게 하는 데도 길 가는 사람은 그 질퍽질퍽하는 진창을 싫어하고, 가을의 달빛은 밝게 비추나 도둑놈은 그 밝게 비추는 것을 싫어하느니라."
고 하셨다.

解說 모든 일은 한 가지 잣대로 가치를 판단할 수 없을 뿐만 아니라 그 결과만 가지고 옳고 그름을 말할 수는 없다는 것이다.

註 허경종(許敬宗) : 당(唐)나라 때의 정치가로 자는 연족(延族).

訓音讀
膏 기름 고   泥 진흙 니   揚 날릴 양
輝 빛날 휘   照 비칠 조   鑑 거울 감

原文

景行錄에 云『大丈夫는
見善明故로 重名節於泰山하고
用心精故로 輕死生於鴻毛니라』

直譯　〈경행록〉에 이르기를,
"대장부는 착한 것을 보는 것이 밝음으로 명분과 절의(節義)를 태산보다 중하게 여기고, 마음 쓰기가 깨끗하므로 죽는 것과 사는 것을 기러기 털보다도 더 가볍게 여기느니라."
고 하였다.

解說　대장부는 어떠한 유혹 앞에서도 흔들리지 않으며, 사람으로서 지켜야 할 도리를 갖고 있으므로 죽음을 무릅쓰고서라도 그 명분과 의리를 실천할 수 있다는 것이다.

訓音讀
善 착할 선　節 마디 절　泰 클 태
精 정할 정　鴻 기러기 홍　毛 털 모

原文

悶人之凶하고 樂人之善하며
민인지흉   낙인지선

濟人之急하고 救人之危니라
제인지급   구인지위

直譯 남의 흉한 것을 민망히 여기고, 남의 좋은 일을 즐겁게 여기며, 남의 급한 것을 건지고, 남의 위태함을 구하여야 되느니라.

解說 '선을 아름답게 여기고 불행을 가엾이 여기는 것'을 말한다.

訓音讀 悶 민망할 **민**   凶 흉할 **흉**   濟 건널 **제**
          急 급할 **급**   救 구원할 **구**   危 위태할 **위**

原文

經目之事(경목지사)도 恐未皆眞(공미개진)이어늘

背後之言(배후지언)을 豈足深信(기족심신)이리오

直譯 직접 보고 경험한 일도 모두 참되지 아니할까 두렵거늘, 뒤에서 쑥덕거리는 말을 어찌 믿을 수 있으리오.

解說 말하기는 즐겁고 쉬워도 그 피해는 너무나 크고, 그 죄는 무겁다는 것이다.

訓音讀 經 지날 경　　恐 두려울 공　　皆 다 개
　　　　　豈 어찌 기　　深 깊을 심

原文

불한자가급승단
不恨自家汲繩短하고
지한타가고정심
只恨他家苦井深이로다

直譯 자기 집 두레박줄이 짧은 것은 탓하지 않고, 남의 집 우물 깊은 것만 탓하는도다.

解說 어려운 일을 앞장서고 나의 잘못된 생각을 찾아 늘 고치고자 노력한다면 덕을 높이고 마음속의 사악함이 다스려져 남을 탓하지 않는다는 것이다.

訓音讀
恨 한탄 **한**　　汲 물길을 **급**　　繩 노 **승**
短 짧을 **단**　　井 우물 **정**

原文

贓 장람 滿天下하되
罪拘薄福人이니라

直譯 부정한 재물을 취하는 사람이 천하에 가득할지라도 죄(罪)는 복이 적은(薄福) 사람에게 걸리느니라.

解說 부정부패를 이야기한 것이다.

訓音讀 贓 장물 장   濫 넘칠 람   罪 허물 죄
拘 잡을 구   薄 엷을 박

성심편

^{천 약 개 상 불 풍 즉 우}
天若改常이면 **不風卽雨**요
^{인 약 개 상 불 병 즉 사}
人若改常이면 **不病卽死**니라

直譯 하늘이 만약 상도(常道)를 어기면 바람 아니면 비가 오고, 사람이 만약 상도(常道)를 벗어나면 병 아니면 죽으리라.

解說 사람은 정도를 걸어야 한다는 것이다.

訓音讀 若 같을 약   改 고칠 개   風 바람 풍
　　　　 卽 곧 즉   病 병 병

原文

壯元詩_에 云

『國正天心順_{이요} 官淸民自安_{이라}

妻賢夫禍少_요 子孝父心寬_{이니라}』

直譯 장원시에 이르기를,

"나라가 바르면 하늘도 순할 것이요, 벼슬아치가 바르고 깨끗하면 온 백성이 저절로 편안하느니라. 아내가 어질면 남편의 화(禍)가 적을 것이요, 자식이 효도하면 아버지의 마음이 너그러워지느니라."

고 하였다.

註 장원시(壯元詩) 과거에 장원한 사람의 시

訓音讀 順 순할 **순**   官 벼슬 **관**   淸 맑을 **청**
        賢 어질 **현**   寬 너그러울 **관**

189 성심편

子曰『木從繩則直하고
人受諫則聖이니라』

直譯 공자가 말씀하시기를,
"나무가 먹줄을 좇으면 곧아지고, 사람이 다른 사람의 충고를 받아들이면 거룩하게 되느니라."
고 하셨다.

解說 다른 사람의 충고를 받아들여 스스로의 잘못을 고쳐 나가면 성인의 경지에 이른다는 것이다.

訓音讀 從 좇을 **종**　　則 곧 **즉**　　受 받을 **수**
　　　　諫 간할 **간**　　聖 성인 **성**

原文

一派青山景色幽한데 前人田土後人收라
後人收得莫歡喜하라 更有收人在後頭니라

直譯 한 줄기 푸른 산은 경치가 그윽하구나. 저 땅은 옛 사람이 가꾸던 밭인데 뒷사람들이 거두는 것이다. 뒷사람은 차지했다 해서 기뻐하지 말라, 다시 거둘 사람이 뒤에 있느니라.

解說 무릇 재화(財貨)란 어느 한 사람의 손아귀에 쥐어져 있는 것이 아니라, 이 손에서 저 손으로 넘어간다는 것이다.

訓音讀 幽 그윽할 유   後 뒤 후   收 거둘 수
         歡 기쁠 환   頭 머리 두

성심편

原文

蘇東坡 曰『無故而得千金이면
不有大福이라 必有大禍니라』

直譯 소동파가 말하기를,
"까닭 없이 천금을 얻는 것은 큰 복이 있는 것이 아니라, 반드시 큰 재앙이 있는 것이니라."
고 하셨다.

解說 수고하지 않고 횡재하는 것은 복이 아니라 불행의 씨앗이라는 것이다.

註 소동파(蘇東坡: 1036~1101)
북송(北宋)때의 문인으로, 이름은 식(軾), 호는 동파(東坡)이며, 당송(唐宋) 팔대가(八大家)의 한 사람이다.

訓音讀 蘇 깨어날 **소**　　坡 언덕 **파**　　得 얻을 **득**
　　　　福 복 **복**　　　　禍 재앙 **화**

原文

康節邵先生이 曰
『有人이 來問卜하되 如何是禍福이고
我虧人是禍요 人虧我是福이니라』

直譯 강절소 선생이 말하기를,
"어떤 것이 화가 되고 어떤 것이 복이 되느냐고 나에게 자기의 운수를 묻는 사람이 있으니 내가 남을 해롭게 하면 이것이 화(禍)요, 남이 나를 해롭게 하면 이것이 복(福)이니라."
고 하셨다.

解說 내가 다른 사람을 해치면 그것이 불행이며, 남이 나에게 피해를 입히면 그것이 행운이 될 수 있다는 것이다.

訓音讀 康 편안할 강 節 마디 절 卜 점칠 복
禍 재앙 화 虧 어지러질 휴

原文

大^대廈^하千^천間^간이라도 夜^야臥^와八^팔尺^척이요

良^양田^전萬^만頃^경이라도 日^일食^식二^이升^승이니라

直譯 큰 집이 천간(千間)이라도 밤에 눕는 곳은 여덟 자뿐이요, 좋은 밭이 만 평이 있더라도 하루 두 되면 먹느니라.

解說 인간의 욕심은 끝이 업으므로 욕심을 줄이고 마음을 풍요롭게 갖고자 노력하라는 것이다.

訓音讀 廈 큰집 하 間 사이 간 臥 누울 와
頃 이랑 경 升 되 승

原文

久住令人賤이요 頻來親也疎라
(구주령인천)   (빈래친야소)

但看三五日에 相見不如初니라
(단간삼오일)   (상견불여초)

直譯 남의 집에 오래 머물러 있으면 사람으로 하여금 천하게 여기고, 자주 오면 친하던 사이도 멀어지느니라. 오직 사흘이나 닷새 만에 서로 보는 데도 처음만 같지 않느니라.

解說 친한 정을 나누는 데에도 적절한 절제를 하는 것이 세상을 살아가는 데 이롭다는 것이다.

訓音讀 住 머무를 주 賤 천할 천 頻 자주 빈
看 볼 간 初 처음 초

原文

渴時一滴은 如甘露요

갈 시 일 적   여 감 로

醉後添盃는 不如無니라

취 후 첨 배   불 여 무

直譯 목이 마를 때 한 방울의 물은 단 이슬과 같고, 취한 후에 잔을 더하는 것은 안 먹는 것만 못 하느니라.

解說 술을 지나치게 많이 먹으면 독이 되어서 건강을 해치거나 망신당하기 쉽다는 것이다.

訓音讀 渴 목마를 **갈** 滴 물방울 **적** 露 이슬 **로**
添 더할 **첨** 盃 잔 **배**

原文

酒不醉人人自醉요

色不迷人人自迷니라

直譯 술이 사람을 취하게 하는 것이 아니라 사람이 스스로 취하는 것이요, 색(色)이 사람을 미혹(迷惑)시키는 것이 아니라 사람이 스스로 미혹하는 것이니라.

解說 술과 여자의 유혹을 과감하게 뿌리칠 수 있도록 노력해야 할 것이다.

訓音讀
酒 술 주 醉 취할 취 自 스스로 자
色 빛 색 迷 미혹할 미

성심편

公심을 若비사심이면 何사불변이며
公心을 若比私心이면 何事不辨이며

도념 약동정념 성불다시
道念이 若同情念이면 成佛多時니라

直譯 공(公)을 위하는 마음이 사(私)를 위하는 마음에 비할 수 있다면 어찌 옳고 그름을 가려내지 못할 것이며, 도(道)를 향하는 마음이 만약 남녀의 정(情)을 생각하는 마음과 같다면 성불(成佛)한 지도 이미 오래일 것이니라.

訓音讀 若 같을 약　　私 사사 사　　辨 분별할 변
　　　　成 이룰 성　　佛 부처 불

原文

易에 曰『德微而位尊하고
智小而謀大면 無禍者鮮矣니라』

直譯 〈주역〉에서 말하기를,
"덕이 적은데 지위가 높으며, 지혜가 없으면서 꾀하는
것이 크다면 화(禍)가 없는 자가 드물 것이니라."
고 하셨다.

解說 제 분수에 맞게 처신함이 몸을 보전하는 안전한
길임을 알라는 것이다.

註 주역(周易)
삼역(三易)의 하나로 〈역경(易經)〉이라고도 하며 우주의 원리와
인간의 길흉화복을 기록한 책으로 문왕(文王), 주공(周公), 공자(孔
子)에 의해 대성한 역학(易學).

訓音讀 易 바꿀 역   微 적을 미   尊 높을 존
       謀 꾀 모   禍 재앙 화

原文

說_설苑_원에 曰_왈

『官_관怠_태於_어宦_환成_성하고 病_병加_가於_어小_소癒_유하며

禍_화生_생於_어懈_해怠_태하고 孝_효衰_쇠於_어妻_처子_자이니

察_찰此_차四_사者_자하여 愼_신終_종如_여始_시니라』

直譯

〈설원〉에 말하기를,
"벼슬아치는 지위가 성취되는 데서 게을러지고, 병은 조금 낫는 데서 더해지며, 재앙은 게으른 데서 생기고, 효도는 처자에서 흐려진다. 이 네 가지를 살펴서 나중을 삼가기를 처음과 같이 할지니라."

解說

늘 반성하여 처음의 정신 자세로 돌아가 삶이 흐트러지지 않는다면 불행을 막을 수 있을 것이다.

註

설원(說苑)
한(漢)나라 유향(劉向)이 지은 책으로 명인들의 일화(逸話)를 수록한 것이다.

訓音讀	苑 동산 **원**	怠 게으를 **태**	宦 벼슬 **환**
	懈 게으를 **해**	愼 삼갈 **신**	

原文

기 만 즉 일
器滿則溢하고

인 만 즉 상
人滿則喪이니라

直譯 그릇이 가득 차면 넘치고, 사람도 운수가 차면 잃게 되느니라.

解說 군자는 가득 찼을 때 오로지 겸손함을 지켜야 한다는 것이다.

訓音讀	器 그릇 **기**	滿 찰 **만**	則 곧 **즉**
	溢 넘칠 **일**	喪 죽을 **상**	

척 벽 비 보
尺璧非寶요

촌 음 시 경
寸陰是競이니라

直譯 한 자 되는 둥근 구슬을 보배로 알지 말고 오직 짧은 시간을 귀중히 여길지니라.

解說 촌음을 다투어서 스스로의 목표를 향해 정진해야 할 것이다.

訓音讀 璧 구슬 **벽**   寶 보배 **보**   陰 응달 **음**
　　　　 是 옳을 **시**　 競 다툴 **경**

原文

羊羹이 雖美나
衆口를 難調니라

양갱 수미
중구 난조

直譯 양고기 국이 아무리 맛이 있어도 여러 사람의 입맛을 맞추기는 어려우니라.

解說 무슨 일을 한 가지로 통일하는 것보다는 각자가 모여서 조화를 이루는 것이 더 현명할 것이다.

訓音讀 羹 국 **갱**   雖 비록 **수**   衆 무리 **중**
        難 어려울 **난**   調 고를 **조**

原文

益智書에 云『白玉은 投於泥塗라도 不能汚穢其色이요 君子는 行於濁地라도 不能染亂其心하나니 故로 松栢은 可以耐雪霜이요 明智는 可以涉危難이니라』

直譯

〈익지서〉에 이르기를,
"흰 옥(玉)을 진흙 속에 던져도 그 빛을 잃지 않고, 군자는 혼탁(混濁)한 곳에 갈지라도 그 마음을 어지럽힐 수 없느니라. 그러므로 송백(松栢)은 상설(霜雪)을 견디어 내고, 밝은 지혜는 위난(危難)을 능히 견디어 내느니라."

解說

아무리 선하지 않은 자와 같이 일을 하더라도 자기는 수양을 쌓아 주관이 뚜렷하므로 절대로 흔들리지 않을 것이라고 자신 있게 말하고 있는 것이다.

訓音讀

投 던질 투   塗 진흙 도   汚 더러울 오
穢 더러울 예   涉 건널 섭

原文

入山擒虎_{입산금호}는 易_이어니와

開口告人_{개구고인}은 難_난이니라

直譯 산에 들어가 범을 잡기는 쉬우나, 입을 열어 다른 사람에게 고하기는 어려우니라.

解說 가장 어려운 것은 자기 자신을 아는 것이고, 아무리 가까운 사이라도 쉽지 않은 것은 바르게 말해 주는 것이다.

訓音讀 擒 사로잡을 금   虎 범 호   開 열 개
告 알릴 고   難 어려울 난

원수 불구근화
遠水는 不救近火요
원친 불여근린
遠親은 不如近隣이니라

直譯 멀리 있는 물은 가까이에서 붙은 불을 끄지 못하고, 먼 곳의 일가 친척은 가까운 이웃만 못하느니라.

解說 가까운 이웃이 먼 곳에 사는 친척보다 낫다는 것이다.

訓音讀 遠 멀 원   救 구원할 구   近 가까울 근
親 친할 친   隣 이웃 린

原文

太公_이 曰
『日月_이 雖明_{이나} 不照覆盆之下_{하고}
刀刃_이 雖快_나 不斬無罪之人_{하고}
非災橫禍_는 不入愼家之門_{이니라}』

直譯

태공이 말하기를
"해와 달이 비록 밝으나 엎어 놓은 동이(항아리)의 밑은 비추지 못하고, 칼날이 비록 잘 드나 죄 없는 사람은 베지 못하고, 불의(不意)의 재앙은 조심하는 집 문에는 들지 못하느니라."

解說

늘 삼가고 조심하여 이웃에게 베푸는 가정에는 불의의 재앙이나 불행한 일은 일어나지 않는다는 것이다.

訓音讀

照 비출 조　　覆 뒤집힐 복　　盆 동이 분
斬 벨 참　　　橫 가로 횡　　　愼 삼갈 신

原文

太^태公^공이 曰^왈

『良^양田^전萬^만頃^경이 不^불如^여薄^박藝^예隨^수身^신이니라』

直譯 태공이 말하기를,
"좋은 밭 만 이랑이라도 아주 작은 재주 한 가지를 몸에 지닌 것만 못 하느니라."
고 하셨다.

解說 사람이 아무리 훌륭한 자질과 좋은 뜻을 갖추고 있다 하더라도 배움을 좋아하지 않으면 오히려 그릇되게 될 수 있다는 것이다.

訓音讀
良 좋을 량   頃 이랑 경   薄 엷을 박
藝 재주 예   隨 따를 수

原文

性_{성리서}理書에 云_운

『接_{접물지요}物之要는 己_{기소불욕}所不欲을 勿_{물시어인}施於人하고

行_{행유부득}有不得이어든 反_{반구제기}救諸己니라』

直譯

〈성리서〉에서 이르기를,
"다른 사람과 사귈 때의 중요한 것은 자기가 하기 싫은 일을 남에게 떠넘기지 말고, 자기가 행하고도 얻지 못하는 것이 있거든 돌이켜 자기에게 원인을 구하라."
고 하였다.

解說

인간관계에서 상대를 이해하는 것이 무엇보다도 중요하나는 것이다.

訓音讀

要 구할 요　　所 바 소　　欲 하고자할 욕
得 얻을 득　　救 구할 구

209 | 성심편

原文

酒^주色^색財^재氣^기四^사堵^도墻^장에 多^다少^소賢^현愚^우在^재內^내廂^상이라

若^약有^유世^세人^인이 跳^도得^득出^출이면

便^변是^시神^신仙^선不^불死^사方^방이니라

直譯

술과 여색과 재물과 기운의 네 가지로 쌓은 담 안에 수많은 어진 이와 어리석은 사람이 행랑에 들어 있느니라. 만약 그 누가 이곳을 뛰쳐나올 수 있다면 그것은 곧 신선이 되어 죽지 아니하는 방법이니라.

解說

술·여자·재물, 혈기에서 용감하게 뛰쳐나올 수 있다면 인간으로서 올바른 삶을 영위할 수 있다는 것이다.

訓音讀

堵 담 도   墻 담 장   愚 어리석을 우
廂 행랑 상   跳 뛸 도

입교편
立教篇

가르침을 세우는 것을 가르치는 글

윤리 도덕의 강령인 제반 도덕률들이 설명되어 있는 글이다. 세상을 살아가자면 반드시 지켜야 할 기본적인 윤리 도덕률이라 할 삼강오륜을 위시해, 정치·경제·사회의 각 방면에 대한 계획과 실천의 묘법들이 상세히 설명되어져 있다. 오늘날에도 일상 생활에서 수양의 가르침으로 삼아 그 뜻을 세워 간다면 크게 도움이 될 것이다.

原文

子曰『立身有義而孝爲本이요 喪祀有禮而哀爲本이요 戰陣有列而勇爲本이요 治政有理而農爲本이요 居國有道而嗣爲本이요 生財有時而力爲本이니라』

直譯 공자가 말씀하시기를,
"입신(立身)함에 의(義)가 있으니 효도가 그 근본이요, 상사(喪事)에 예(禮)가 있으니 슬퍼함이 그 근본이요, 싸움터에 질서가 있으니 용맹이 그 근본이 된다. 나라를 다스리는 데 이치가 있으니 농사가 그 근본이 되고, 나라를 지키는 데 도(道)가 있으니 계승이 그 근본이 되며, 재물을 생산함에 시기가 있으니 노력이 그 근본이 되느니라."

解說 모든 일에는 근본이 있다는 것이다.

訓音讀
喪 죽을 상   祀 제사 사   陣 늘어놓을 진
農 농사 농   嗣 이을 사

原文

景行錄에 云『爲政之要는 曰公與淸이요
成家之道는 曰儉與勤이라』

直譯 〈경행록〉에 이르기를,
"나라를 다스리는 데 긴요한 것은 공평하고 사사로운 욕심이 없이 깨끗이 하는 것이요, 집을 이루는 길은 낭비하지 아니하고 부지런한 것이니라."
고 하였다.

解說 부지런함과 검소함은 좋은 가정을 이루는 근본이 된다는 것이다.

訓音讀 政 정사 정 與 더불 여 淸 맑을 청
儉 검소할 검 勤 부지런할 근

原文

讀書는 起家之本이요
循理는 保家之本이요
勤儉은 治家之本이요
和順은 齊家之本이니라

直譯 글을 읽는 것은 집을 일으키는 근본이요, 도리를 따르는 것은 집을 잘 보존하는 근본이요, 부지런하고 절약하여 낭비하지 아니하는 것은 집을 잘 관리하는 근본이요, 화목하고 순종하는 것은 집안을 잘 다스리는 근본이니라.

解說 독서와 순리, 근면과 검소함, 화순함 등의 가치는 인생을 살아가는 데 도움을 주는 것이다.

訓音讀 讀 읽을 독   起 일어날 기   家 집 가
循 따를 순   齊 가지런할 제

原文

孔子三計圖^{공자삼계도}에 云^운『一生之計^{일생지계}는 在於幼^{재어유}하고 一年之計^{일년지계}는 在於春^{재어춘}하고 一日之計^{일일지계}는 在於寅^{재어인}이니 幼而不學^{유이불학}이면 老無所知^{노무소지}요 春若不耕^{춘약불경}이면 秋無所望^{추무소망}이요 寅若不起^{인약불기}면 日無所辦^{일무소판}이니라』

直譯

공자가 삼계도에 이르기를,
"일생의 계획은 어릴 때에 있고, 일 년의 계획은 봄에 있고, 하루의 계획은 새벽에 있으니, 어려서 배우지 않으면 늙어서 아는 것이 없고, 봄에 밭을 갈지 않으면 가을에 바랄 것이 없으며, 새벽에 일어나지 않으면 그 날의 할 일이 없느니라."

解說

계획을 세우는 것은 좋은 결과를 기약할 수 있다는 것이다.

訓音讀

計 셀 계   幼 어릴 유   寅 동방 인
耕 밭갈 경   秋 가을 추   起 일어날 기
辦 힘쓸 판

입교편

原文

性리서에 云『五敎之目은 父子有親하며
君臣有義하며 夫婦有別하며
長幼有序하며 朋友有信이니라』

直譯

〈성리서〉에 이르기를,
"다섯 가지의 가르침 조목은 아버지와 자식 사이에는 서로 친함이 있어야 하며, 임금과 신하 사이에는 의리가 있어야 하며, 남편과 아내 사이에는 분별이 있어야 하며, 어른과 어린이 사이에는 차례가 있어야 하며, 친구 사이에는 믿음이 있어야 하느니라."
고 하였다.

解說

유교 문화에서 꼭 지켜야 할 기본적인 윤리(오륜)를 이야기한 것이다.

訓音讀

性 성품 성　　敎 가르칠 교　　親 친할 친
婦 며느리 부　　序 차례 서　　信 믿을 신

原文

_{삼강} _{군위신강}
三綱은 君爲臣綱이요
_{부위자강} _{부위부강}
父爲子綱이요 夫爲婦綱이니라

直譯 삼강(三綱)이라는 것은 임금은 신하의 모범이 되고, 아버지는 자식의 모범이 되며, 남편은 아내의 모범이 되는 것이니라.

解說 유교 문화에서 꼭 지켜야 할 기본적인 윤리(삼강)를 이야기한 것이다.

註 강(綱) 사물의 근본을 뜻함.

訓音讀
綱 벼리 **강**   君 임금 **군**   爲 할 **위**
父 아비 **부**   婦 며느리 **부**

입교편

原文

王蠋^{왕촉}이 曰^왈『忠臣^{충신}은 不事二君^{불사이군}이요
烈女^{열녀}는 不更二夫^{불경이부}니라』

直譯

왕촉이 말하기를,
"충신은 두 임금을 섬기지 않고, 열녀(烈女)는 두 지아비를 섬기지 않느니라."
고 하셨다.

解說

충신의 도리와 아내의 도리를 말하는 것이다.

註

왕촉
전국(戰國) 시대 제(齊)나라 사람으로 연(燕)나라에 패하자 항복하지 않고 자결하였다. 충신으로 이름 높았음.

訓音讀

忠 충성 **충**   事 일 **사**   君 임금 **군**
烈 매울 **렬**   更 고칠 **경**

原文

忠子曰『治官엔 莫若平이요
臨財엔 莫若廉이니라』

直譯 충자가 말하기를,
"벼슬을 다스림에는 공평함만한 것이 없고, 재물을 대할 때는 청렴함만한 것이 없느니라."
고 하셨다.

解說 모든 공직자가 공무에는 최선을 다하되 사사로운 이익을 추구하지 말라는 것이다.

訓音讀
治 다스릴 치   莫 없을 막   若 같을 약
臨 임할 임(림)   廉 청렴 렴

張思叔座右銘에 曰『凡語를 必忠信하며
凡行을 必篤敬하며 飮食을 必愼節하며
字劃을 必楷正하며 容貌를 必端莊하며
衣冠을 必整肅하며 步履를 必安詳하며
居處를 必正靜하며 作事를 必謀始하며
出言을 必顧行하며 常德을 必固持하며
然諾을 必重應하며 見善如己出하며
見惡如己病하라 凡此十四者는
皆我未深省이라 書此當座右하여
朝夕視爲警하노라』

直譯 장사숙의 좌우명에 말하기를,

"무릇 말은 반드시 충성되고 믿음이 있어야 되며, 무릇 행실은 반드시 돈독하고 공경히 하며, 음식은 반드시 삼가고 알맞게 하며, 글씨는 반드시 정확하고 반듯하게 쓰며, 용모는 반드시 단정하고 엄숙히 하며, 의관은 반드시 정제하며, 걸음걸이는 반드시 편안하고 점잖게 하며, 거처하는 곳은 반드시 바르고 정숙하게 하며, 일하는 것은 반드시 계획을 세워 시작하며, 말을 할 때는 반드시 그 실행 여부를 생각해서 하며, 평상(平常)의 덕을 반드시 굳게 가지며, 일을 허락하는 것은 반드시 신중히 생각해서 응하며, 선(善)을 보거든 자기에서 나온 것 같이 하며, 악(惡)을 보거든 자신의 병인것같이 하라. 무릇 이 열네 가지는 모두 내가 아직 깊이 깨닫지 못한 것이다. 이를 자기의 오른편에 써 붙여 놓고 아침저녁으로 보고 경계할 것이니라."

解說 군자가 갖추어야 할 말과 행동을 나열하여 말한 것이다.

註 장사숙(張思叔)
북송(北宋) 때의 학자로 성리학(性理學)의 대가 정이천(程伊川)의 제자이다.

訓音讀 座 자리 좌   劃 그을 획   楷 본보기 해
肅 엄숙 숙   詳 자세할 상   靜 고요할 정
顧 돌아볼 고   諾 허락 낙

범익겸좌우명 왈 일불언조정이해변
范益謙座右銘에 曰『一不言朝廷利害邊
보차제   이불언주현관원장단득실
報差除요 二不言州縣官員長短得失이요
삼불언중인소작과악지사   사불언사
三不言衆人所作過惡之事요 四不言仕
진관직추시부세   오불언재리다소염
進官職趨時附勢요 五不言財利多少厭
빈구부   육불언음설희만평론여색
貧求富요 六不言淫媟戲慢評論女色이요
칠불언구멱인물간색주식
七不言求覓人物干索酒食이요

우인부서신   불가개탁침체
又人付書信을 不可開坼沈滯요

여인병좌   불가규인사서
與人幷坐에 不可窺人私書요

범입인가   불가간인문자
凡入人家에 不加看人文字요

범차인물   불가손괴불환
凡借人勿에 不可損壞不還이요

凡喫飮食에 不可揀擇去取요
여인동처　　불가자택편리
與人同處에 不可自擇便利요
범인부귀　　불가탄선저훼
凡人富貴를 不可歎羨詆毁니
범차수사　유범지자
凡此數事에 有犯之者면
족이견용심지부정　　어정심수신
足以見用心之不正이라 於正心修身에
대유소해　인서이자경
大有所害라 因書以自警하노라』

直譯　범익겸의 좌우명에 말하기를,
"첫째, 조정에서의 이해와 변방으로부터의 보고와 관적의 임명에 대하여 말하지 말 것. 둘째, 고을의 벼슬살이 하는 관리들의 장단점과 득실(得失)에 대하여 말하지 말 것. 셋째, 여러 사람이 저지른 악한 일을 말하지 말것. 넷째, 벼슬에 나가는 것과 기회를 따라 권세에 아부하는 일에 대하여 말하지 말 것. 다섯째, 재산의 많고 적음이나 가난을 싫어하고 부(富)를 바라는 것을 말하지 말것. 여섯째, 음탕하고 난잡한 농담이

나 여색(女色)에 대한 생각을 말하지 말 것. 일곱째, 남의 물건을 탐내거나 술과 음식을 억지로 요구하지 말 것. 그리고 남이 부치는 편지를 뜯어 보거나 지체시켜서는 안 되며, 남과 같이 앉아 있으면서 남의 사사로운 편지를 엿보아서는 안 되며, 무릇 남의 집에 들어감에 남의 만든 글을 보지 말며, 남의 물건을 빌렸을 때 이것을 손상시키거나 돌려주지 않으면 안 된다. 무릇 음식을 먹음에 가려서 취하지 말며, 남과 같이 있으면서 스스로의 편리만을 가리어 취하지 말라. 무릇 남의 부하고 귀한 것을 부러워하거나 헐뜯지 말라. 무릇 이 몇 가지 일을 범하는 자가 있으면 넉넉히 그 마음 쓰는 것의 바르지 않음을 알 수 있으며, 마음을 바르게 하고 몸을 닦는 데 크게 해 되는 바가 있는지라. 이로 인하여 이 글을 써서 스스로 경계하노라."
고 하였다.

訓 音 讀

范	성	범	謙 겸손할 겸	廷	조정 정
除	버릴	제	縣 고을 현	厭	싫을 염
趨	달릴	추	擇 가릴 택	淫	음란할 음
慢	거만할	만	評 평론할 평	覓	찾을 멱
索	찾을	색	坼 터질 탁	沈	가라앉을 침
滯	막힐	체	窺 엿볼 규	壞	무너질 괴
喫	마실	끽	揀 가릴 간	歎	탄식 탄
羨	부러울	선	還 돌아올 환	毁	헐 훼
犯	범할	범	警 경계할 경	修	닦을 수
因	인할	인			

原文

武王(무왕)이 問太公曰(문태공왈)

『人居世上(인거세상)에 何得貴賤貧富不等(하득귀천빈부부등)고

願聞說之(원문설지)하여 欲知是矣(욕지시의)로이다』

太公(태공)이 曰(왈)『富貴(부귀)는 如聖人之德(여성인지덕)하여

皆由天命(개유천명)이어니와 富者(부자)는 用之有節(용지유절)하고

不富者(불부자)는 家有十盜(가유십도)니라』

直譯 무왕이 태공에게 말하기를,
"사람이 세상을 사는데 어찌하여 귀천과 빈부가 고르지 않습니까? 원컨대 말씀을 들어서 이를 알고자 합니다."
태공이 대답하기를,
"부귀는 성인의 덕과 같아서 다 천명(天命)에 말미암거니와 부자는 쓰는 것이 절도(節度)있고, 부(富)하지 못한 자는 집에 열 가지 도둑이 있기 때문입니다."

> **註**
>
> **무왕(武王: 서기전1169~1116)**
> 주(周)나라 문왕(文王)의 아들로 이름은 발(發)이다. 부왕(父王)의 유업을 계승하여 아우 단(旦)과 협력하여 은(殷)나라 주왕(紂王)을 쳐서 멸하고 주왕조(周王朝)를 세웠다.
>
> **강태공(姜太公)**
> 여상을 왕사(王師)로 받들었다. 후에 태공은 제(齊)에 봉함을 받아 시조가 되었다.

訓音讀 武 호반 무 等 무리 등 願 원할 원
聞 들을 문 欲 하고자할 욕 德 큰 덕
由 말미암을 유

原文

武王이 曰『何謂十盜이오』
태공 왈 시숙불수위일도
太公이 曰『時熟不收 爲一盜요
收積不了 爲二盜요 無事燃燈寢睡
爲三盜요 慵懶不耕이 爲四盜요
不施功力이 爲五盜요 專行巧害
爲六盜요 養女太多 爲七盜요

주면라기위팔도   탐주기욕
晝眠懶起 爲八盜요 貪酒嗜慾이
위구도   강행질투위십도
爲九盜요 强行嫉妬 爲十盜이다』

直譯 무왕이 말하기를,
"무엇을 십도(十盜)라고 합니까?"
태공이 대답하기를
"곡식이 익은 것을 제때에 거둬들이지 않는 것이 첫 번째의 도둑이요, 거두고 쌓는 것을 마치지 않는 것이 두 번째의 도둑이요, 일 없이 등불을 켜놓고 잠자는 것이 세 번째의 도둑이요, 게을러서 밭 갈지 않는 것이 네 번째의 도둑이요, 공들여 일하지 않고 남에게 베풀지 않는 것이 다섯 번째의 도둑이요, 오로지 교활하고 해로운 일만 행하는 것이 여섯째의 도둑이요, 딸을 너무 많이 기르는 것이 일곱째의 도둑이요, 낮잠 자고 아침에 일어나기를 게을리하는 것이 여덟 번째의 도둑이요, 술을 탐하고 환락을 즐기는 것이 아홉 번째의 도둑이요, 심히 남을 시기하고 질투하는 것이 열 번째의 도둑입니다."

訓音讀
盜 도둑 도   熟 익을 숙   積 쌓을 적
了 마칠 료   燃 탈 연   妬 투기할 투
燈 등 등   睡 졸음 수   懶 게으를 라
嫉 질투할 질   晝 낮 주   嗜 즐길 기

原文

武_무王_왕이 曰_왈

『家_가無_무三_삼耗_모而_이不_불富_부者_자는 何_하如_여닛고』

太_태公_공이 曰_왈 『人_인家_가에 必_필有_유一_일錯_착二_이誤_오三_삼痴_치

四_사失_실五_오逆_역六_육不_불祥_상七_칠奴_노八_팔賤_천九_구愚_우十_십强_강하여

自_자招_초其_기禍_화요 非_비天_천降_강殃_앙이니다』

直譯 무왕이 묻기를,
"집에 삼모도 없는데 부유하지 못한 것은 어찌하여 그 럽니까?"
태공이 대답하기를,
"그런 사람의 집에는 반드시 이착(一錯)·이오(二誤), 삼치(三痴)·사실(四失)·오역(五逆)·육불상(六不 祥), 칠노(七奴)·팔천(八賤)·구우(九愚)·십강(十强) 이 있어서 스스로 그 화를 부르는 것이요, 하늘이 재 앙을 내리는 것이 아닙니다."

訓音讀 錯 그릇 착   誤 그르칠 오   痴 어리석을 치
         降 내릴 강   殃 재앙 앙

原文

武王이 曰『願悉聞之하나이다』

太公이 曰『養男不敎訓이 爲一錯이요

嬰孩不訓이며 爲二誤요

初迎新婦不行嚴訓이 爲三痴요

未語先笑가 爲四失이요 不養父母가

爲五逆이요 夜起赤身이 爲六不祥이요

好挽他弓이 爲七奴요 愛騎他馬가

爲八賤이요 喫他酒勸他人이 爲九愚요

喫他飯命朋友가 爲十强이니다』

武王이 曰『甚美誠哉라 是言也이오』

直譯 무왕이 말하기를,
"그 내용을 자세히 듣기를 원합니다."
태공이 대답하기를,
"아들을 기르며 가르치지 않는 것이 첫 번째의 잘못이요, 어린 아이를 훈계하지 않는 것이 두 번째의 그릇됨이요, 새 아내를 맞아들여서 엄하게 가르치지 않는 것이 세 번째의 어리석음이요, 말하기 전에 웃기부터 먼저 하는 것이 네 번째의 과실이요, 부모를 봉양하지 않는 것이 다섯 번째의 거스름이요, 밤에 알몸으로 일어나는 것이 여섯 번째의 상서롭지 못함이요, 남의 활을 당기기를 좋아하는 것이 일곱 번째의 상스러움이요, 남의 말을 타기를 좋아하는 것이 여덟 번째의 천함이요, 남의 술을 마시면서 다른 사람에게 권하는 것이 아홉 번째의 어리석음이요, 남의 밥을 빌어먹으면서 벗에게 주는 것이 열 번째의 뻔뻔함이 되는 것입니다."
고 하셨다.
무왕이 말하기를,
"아아! 심히 아름답고 진실하도다. 그 말씀이여."

訓音讀

願 원할 원	悉 모두 실	養 기를 양
孩 어릴 해	迎 맞을 영	失 잃을 실
祥 상서로울 상	挽 당길 만	奴 종 노
騎 말탈 기	勸 권할 권	誠 정성 성

치정편
治政篇

정사를 다스리는 것을 가르치는 글

처음 취직한 사람의 복무 태도로써 좋은 정신적 지침의 글이다. 정치가나 관료, 민간 기업체의 경영진이나 사원, 학생이나 교원까지도 일을 당하여 본말을 전도함이 없이 근본을 바로 세우고 심사숙고하면 그 다음 행동은 스스로 풀려나온다는 것을 다시 한번 명심할 기회를 가져 보아야 하겠다.

原文

明道先生이 曰

『一命之士 苟有存心於愛物이면

於人에 必有所濟니라』

直譯 명도 선생이 말하기를,
"처음으로 벼슬을 얻은 사람이라도 진실로 물건을 사랑하는 데 마음을 쏟는다면 남에게 반드시 도움을 받는 바가 있느니라."

解說 공직에 처음 임용된 사람은 무엇보다 국가의 재산인 물건을 아끼는 것부터 배워야 한다는 것이다.

註 명도 선생(明道先生: 1032~1085)

북송(北宋) 때의 대유학자로, 성은 정(程), 이름은 호(顥), 자는 백순(伯淳)이며 호는 명도(明道)이다. 우주와 사람의 본성은 본래는 동일한 것이라고 주장한 사람이다.

訓音讀 道 길 도   苟 진실로 구   愛 사랑 애
物 물건 물   濟 건널 제

原文

童蒙訓에 曰『當官之法이
唯有三事하니 曰淸曰愼曰勤이라
知此三者면 知所以持身矣니라』

直譯

〈동몽훈〉에 말하기를,
"관리된 자의 지켜야 할 법은 오직 세 가지가 있으니,
청렴과 신중과 근면이다. 이 세 가지를 알면 처신할 바
를 아느니라."

解說

공직자가 꼭 지켜야 할 세 가지
(1. 청렴, 2. 신중, 3. 근면)을 이야기한 것이다.

註

동몽훈(童蒙訓)
송(宋)나라 때 여본중(呂本中)이 어린 아이들을 가르치기 위해 지
은 책이다.

訓音讀

童 아이 동   蒙 어릴 몽   勤 부지런할 근
此 이 차   持 가질 지

唐太宗御製(당태종어제)에 云(운)

『上有麾之(상유휘지)하고 中有乘之(중유승지)하고

下有附之(하유부지)하여 幣帛衣之(폐백의지)요 倉廩食之(창름식지)하니

爾俸爾祿(이봉이록)이 民膏民脂(민고민지)니라

下民(하민)은 易虐(이학)이어니와 上蒼(상창)은 難欺(난기)니라』

直譯 당나라 태종의 어제에 이르기를,
"위에는 지시하는 이가 있고, 중간에는 이에 의하여 다스리는 관원이 있고, 그 아래에는 이에 따르는 백성이 있다. 예물로서 받은 비단으로 옷 지어 입고, 곳간에 있는 곡식으로 밥을 해 먹으니, 너희의 봉록은 다 백성들에게서 짜낸 기름인 것이다. 아래에 있는 백성은 학대하기가 쉽지만 위에 있는 푸른 하늘은 속이기 어려우니라."
고 하셨다.

解說 백성들을 귀하게 여기어서 어진 정치를 하여야 한다는 것이다.

註 당 태종(唐太宗: 598~649)
당(唐)나라의 제2대 임금으로 이름은 이세민(世民)이며, 아버지 이연(李淵)을 도와 수나라를 멸하고 당나라를 세웠다.

訓音讀
唐 나라 **당**　　宗 마루 **종**　　製 지을 **제**
麾 대장기 **휘**　　乘 탈 **승**　　幣 비단 **폐**
帛 비단 **백**　　爾 너 **이**　　俸 녹 **봉**
虐 사나울 **학**

原文

^{당관자} ^{필이폭노위계}
唐官者는 必以暴怒爲戒하여

^{사유불가} ^{당상처지}
事有不可어든 當詳處之면

^{필무부중} ^{약선폭노}
必無不中이어니와 若先暴怒면

^{지능자해} ^{기능해인}
只能自害라 豈能害人이리오

直譯 관직에 있는 자는 반드시 심하게 성내는 것을 경계하라. 일에 옳지 않음이 있거든 마땅히 자상하게 처리하면 반드시 맞지 않는 것이 없으려니와 만약 성내기부터 먼저 한다면 오직 자신을 해롭게 할 뿐이라. 어찌 남을 해롭게 할 수 있으리오.

解說 위정자는 국민이나 부하에게 군림하려 들지 말고 우선 겸손해야 한다는 것이다.

訓音讀 暴 사나울 **폭**   怒 성낼 **노**   戒 경계 **계**
　　　　 處 살　**처**   豈 어찌 **기**

原文

劉安禮問臨民한대 明道先生이 曰
『使民으로 各得輸其情이니라』
問御吏한대 曰『正己以格物이니라』

直譯 유안례가 백성에 임하는 도리를 물으니 명도 선생이 말하기를,
"백성으로 하여금 각각 그들의 뜻을 펴게 할지니라."
벼슬아치를 다스리는 도리를 물으니,
"자기를 바르게 함으로써 남을 바르게 할지니라."

解說 자기 자신부터 바르게 하여 모범이 됨으로써 자기 밖의 모든 것을 바르게 하라는 것이다.

註 유안례(劉安禮) 북송(北宋) 때의 사람으로 자는 원소(元素)이다.

訓音讀 劉 성 유   輸 실어낼 수   御 어거할 어
吏 관리 리   格 바로잡을 격

_{사 군} _{여 사 친} _{사 장 관}
事君에 **如事親**하며 **事長官**을
_{여 사 형} _{여 동 료} _{여 가 인}
如事兄하며 **與同僚**를 **如家人**하며
_{대 군 리} _{여 노 복}
待群吏를 **如奴僕**하며
_{애 백 성} _{여 처 자}
愛百姓을 **如妻子**하며
_{처 관 사} _{여 가 사 연 후}
處官事를 **如家事然後**에야
_{능 진 오 지 심} _{여 유 호 말 부 지}
能盡吾之心이니 **如有毫末不至**면
_{개 오 심} _{유 소 미 진 야}
皆吾心에 **有所未盡也**니라

直 譯 임금을 섬기는 것을 어버이를 섬기는 것같이 하며, 윗사람 섬기기를 형을 섬기는 것같이 하며, 동료(벗)를 대하기를 자기 집 사람같이 하며, 여러 아전 대접하기를 자기 집 노복(奴僕)같이 하며, 백성 사랑하기를 처자(妻子)같이 하며, 나랏일 처리하기를 내 집안 일처럼 하

고 난 뒤에야 능히 내 마음을 다했다 할 것이니라. 만약 털끝만치라도 다하지 못함이 있으면 모두 내 마음에 다하지 못한 바가 있기 때문이니라.

解說 공직자나 직장인이 자기가 맡은 일을 자기 가정의 일처럼 애정을 갖고 처리하라는 것이다.

訓音讀
僚 동료 료   僕 종 복   能 능할 능
盡 다할 진   吾 나 오

惑이 問『簿는 佐令者也니 簿所欲爲를 令或不從이면 奈何이오』

伊川先生이 曰『當以誠意動之니라

今令與簿不和는 便是爭私意요 令은 是邑之長이니 若能以事父兄之道로 事之하여 過則歸己하고

善則唯恐不歸於令하여 積此誠意면 豈有不動得人이리오』

直譯 어떤 사람이 묻기를,
"부(簿 · 주부)는 수령(현령)을 보좌하는 자입니다. 주부가 하고자 하는 바를 수령이 혹시 따르지 않는다면 어

떻게 합니까?"

이천 선생(伊川先生)이 대답하기를,

"마땅히 성의(誠意)로써 움직여야 할 것이니라. 이제 수령과 주부가 화목치 않는 것은 곧 사사로운 생각으로 다투는 것이니라. 수령은 고을의 장관이니 만약 부형(父兄)을 섬기는 도리로 섬겨서 잘못이 있으면 자기에게 돌리고, 잘한 것은 수령에게로 돌아가지 않을 것을 두려워해서 이와 같은 성의를 쌓는다면 어찌 사람을 움직이지 못함이 있으리요."

라고 하셨다.

註

이천(伊川: 1033~1107)
북송(北宋) 때의 학자로 명도(明道) 선생의 아우이며, 성은 정(程), 이름은 이, 자는 정숙(正淑), 이천은 호이다. 성리학(性理學)의 대가.

부(簿)
주부(主簿)로 관청의 장을 보좌하는 직책.

訓音讀
簿 맡을 부 　　 佐 도울 좌 　　 奈 어찌 내
伊 저 이 　　 爭 다툴 쟁 　　 邑 고을 읍
歸 돌아갈 귀 　　 恐 두려울 공 　　 積 쌓을 적

原文

抱朴子 曰『迎斧鉞而正諫하며
據鼎紀而盡言이면 此謂忠臣也이니라』

直譯

〈포박자〉가 말하기를,
"도끼로 맞는 형벌을 당하여 죽는다 하더라도 바르게 아뢰고, 솥에 넣어서 죽이려 하더라도 옳은 말을 다하면 이것을 충신(忠臣)이라 할 것이니라."
고 하였다.

解說

죽음을 무릅쓰고라도 바른대로 간하는 것이 진정한 충신이라는 것이다.

註

포박자(抱朴子)
진(晉)나라 초기의 도가(道家)학자로 성은 갈(葛), 이름은 홍(洪), 포박자는 호다. 저서로는 〈포박자〉가 있다.

訓音讀

抱 안을 포　　斧 도끼 부　　鉞 도끼 월
諫 간할 간　　據 웅거할 거　　鼎 솥 정

치가편
治家篇

집안을 다스리는 것을 가르치는 글

가정 생활의 참된 의미를 깨닫게 해 주는 글이다. 행복한 가정은 인간에게 가장 복된 요소이다. 그 가정이 불행하면 한 개인의 불행은 말할 것도 없고 그런 개인들로 이루어진 사회형태조차 위태롭게 한다.
그러므로 옛부터 가정을 원만하고 화목하며 복되게 이끄는 것을 무엇보다 소중하게 여겨 왔던 것이다.

原文

司馬溫公이 曰『凡諸卑幼는 事無大小이
_{사마온공} _{왈 범제비유} _{사무대소}

毋得專行하고 必咨稟於家長이니라』
_{무득전행} _{필자품어가장}

直譯 사마온공이 말하기를,
"무릇 손아래 사람들은 일의 크고 작음에 관계 없이 제 멋대로 행동하지 말고 반드시 집안 어른께 여쭈어보고서 해야 하느니라."
고 하였다.

解說 가정의 구성원 모두는 크고 작은 일 관계 없이 가장에게 여쭈어 보거나 상의를 드린 다음 실행해야 한다는 것이다.

訓音讀 司 맡을 사   卑 낮을 비   毋 말 무
          專 오로지 전   咨 물을 자

原文

待客에 不得不豊이요
_{대객 부득불풍}

治家에 不得不儉이니라
_{치가 부득불검}

直譯 손님 접대는 풍성하게 하고, 살림살이는 검소하게 하지 않을 수 없느니라.

解說 남에게는 따뜻하고 자기에게는 엄격해야 할 것이라는 가르침이다.

訓音讀 待 대접할 대   客 손 객   得 얻을 득
         豊 풍년 풍   儉 검소할 검

245 치가편

太公_{태공}이 曰_왈

『痴人_{치인}은 畏婦_{외부}고 賢女_{현녀}는 敬夫_{경부}이니라』

直譯 태공이 말하기를,
"어리석은 사람은 아내를 두려워하고, 어진 여자는 남편을 공경하느니라."
고 하셨다.

解說 아내는 남편을 공경해야지 남편이 자기를 두려워하게 해서는 안 된다는 것이다.

訓音讀 痴 어리석을 치   畏 두려울 외   婦 며느리 부
賢 어질 현   敬 공경 경

범 사 노 복　　선 념 기 한
凡使奴僕에 先念飢寒이니라

直譯　무릇 노복(奴僕)을 부리는 데는 먼저 그들의 춥고 배고 픔을 생각할지니라.

解說　다른 이의 고통을 먼저 자기 자신이 체험해야 한 다는 것이다.

訓音讀　使 부릴 사　　奴 종 노　　僕 종 복
　　　　　飢 주릴 기　　寒 찰 한

자 효 쌍 친 락　　　가 화 만 사 성
子孝雙親樂이오 家和萬事成이니라

直譯　자식이 효도하면 두 어버이가 즐겁고, 집안이 화목하 면 만사가 이루어지느니라.

解說　수신제가치국평천하(修身齊家治國平天下)를 뜻 하는 것이다.

訓音讀　雙 두 쌍　　親 친할 친　　樂 즐길 락
　　　　　家 집 가　　萬 일만 만

原文

시시방화발
時時防火發하고
야야비적래
夜夜備賊來니라

直譯 항상 불이 나는 것을 예방하고 도둑이 드는 것을 방비할지니라.

解說 유비무환(有備無患)를 뜻하는 것이다.

訓音讀 防 막을 **방**　　發 필 **발**　　夜 밤 **야**
　　　　　備 갖출 **비**　　賊 도적 **적**

原文

景行錄에 云『觀朝夕之早晏하여
可以卜人家之興替니라』

直譯 〈경행록〉에 이르기를,
"아침 저녁밥의 이르고 늦음을 보아 가히 그 사람의 집의 흥하고 쇠함을 알 수 있느니라."
고 하셨다.

解說 일찍 일어나고 늦게 자야 부지런해서 잘 산다는 것이다.

訓音讀
錄 기록할 록   觀 볼 관   晏 늦을 안
興 흥할 흥   替 쇠퇴할 체

原文

文仲子曰
『婚娶而論財는 夷虜之道也니라』

直譯 문중자가 말하기를,
"혼인하고 장가드는 데 재물을 논하는 것은 오랑캐나 하는 일이니라."
고 하셨다.

解說 사랑으로 엮어져 서로의 헌신으로 이룩하고 인내로 행복한 가정을 이끌어 나가야 한다는 것이다.

註 문중자(文仲子)
수(隋)나라 학자로 이름은 왕통(王通)이고 육성에 힘썼으며, 두여회(杜如晦), 위징(魏徵) 등 고명한 제자들이 있다.

訓音讀
婚 혼인 혼   娶 장가들 취   論 말할 론
夷 오랑캐 이   虜 오랑캐 로

의리를 편안히 여기는 것을 가르치는 글

부부·부자·형제·친척 사이의 윤리도덕에 관한 글이다. 그 중에서도 부부 관계는 인륜의 근본으로써, 그 도덕률 또한 엄격해야 한다. 부자·형제 사이의 윤리규범 역시 그와 비슷하다. 모든 자치규범이 흔들리고 있는 현대 상황에서 오히려 그 전통적 의미가 빛나는 글들이라 할 것이다.

顏氏家訓에 曰

『夫有人民而後에 有夫婦하고
有夫婦而後에 有父子하고
有父子而後에 有兄弟하니
一家之親은 此三者而已矣라
自玆以往으로 至于九族이
皆本於三親焉故로 於人倫에
爲重也니 不可不篤이니라』

안씨 가훈에 말하기를,
"대저 백성이 있은 후에 부부가 있고, 부부가 있은 후에 부자가 있고, 부자가 있은 후에 형제가 있나니, 한 집안의 친함은 이 세 가지뿐이니라. 이에서부터 나아가 구족(九族)에 이르기까지는 모두 삼친(三親, 부부·부자·형제)에 근본하는지라. 그러므로 인륜에 있어서 가장 중요하게 여기고 돈독하게 할지니라."
고 하였다.

解說 남편과 아내, 부모와 자식 그리고 형제의 삼친(三親)은 인륜 중에서 가장 중요한 것일 뿐 아니라 이 사회의 굴대이며 핵이다. 그러므로 서로 사랑과 헌신으로 함께 하지 않으면 안 된다는 것이다.

註

안씨 가훈(顔氏家訓)
제(齊)나라의 안지추(顔之推)가 지었으며 두 권으로 되어 있다.

구족(九族)
고조(高祖)부터 증조·조부·부(父)·자기·아들·손자·증손(曾孫)·현손(玄孫)까지의 직계친(直系親)을 중심으로 하여 형제·종형제(從兄弟)·재종형제(再從兄弟)·삼종형제(三從兄弟)를 포함하는 동종친족(同宗親族)을 일컬음.

訓音讀
顔 얼굴 **안**   茲 이 **자**   往 갈 **왕**
族 겨레 **족**   故 연고 **고**   倫 인륜 **륜**
篤 도타울 **독**

原文

蘇東坡云『富不親兮貧不疎는
此是人間大丈夫요 富則進兮貧則退는
此是人間眞小輩니라』

直譯 소동파가 이르기를,
"부유하다고 친하지 않으며, 가난하다고 멀리하지 않음은 이것이 바로 인간으로서의 대장부라 할 것이요, 부유하면 가까이 하고 가난하면 멀리하는 것은 이는 곧 사람 중에서 참으로 마음이 작은 무리이니라."
고 하셨다.

解說 사람이 잘 산다고 친절히 대하고, 못 산다고 기피하는 세상 사람들의 인정세태를 개탄하면서 이러한 인간이 바로 소인배라는 것이다.

訓音讀 蘇 깨어날 소 坡 언덕 파 疎 성길 소
丈 어른 장 進 나아갈 진 退 물러날 퇴
輩 무리 배

준례편
遵禮篇

예를 따르는 것을 가르치는 글

예는 만사의 근본으로 간주되어 왔다. 준례는 예를 따른다는 의미로 풀이된다. 우리가 일상 생활에서 반드시 실천해야 할 기본적인 예의범절을 비롯해 궁극적인 인간의 도에 관한 참된 예의에 이르기까지 여러 경구들이 포함되어 있다.

原文

子曰 『居家有禮故로 長幼辨하고
閨門有禮故로 三族和하고
朝廷有禮故로 官爵序하고
田獵有禮故로 戎事閑하고
軍旅有禮故로 武功成이니라』

直譯 공자가 말하기를,
"한 집안에 예가 있으므로 어른과 어린이가 분별이 있고, 안방에 예가 있으므로 삼족(三族)이 화목하고, 조정에 예가 있으므로 벼슬의 차례가 있고, 사냥하는 데 예가 있으므로 군사(軍事)일이 숙달되고, 군대에 예가 있으므로 무공(武功)이 이루어지느니라."
고 하셨다.

解說 예는 인간의 원초적인 실천 윤리이며 한 사회와 국가 그리고 개인을 지탱하는 등뼈이다.

訓音讀	辨 분별할 **변**	閨 안방 **규**	爵 벼슬 **작**
	獵 사냥 **렵**	戎 군사 **융**	閑 한가할 **한**
	軍 군사 **군**	旅 나그네 **려**	功 공 **공**

原文

子曰『君子가 有勇而無禮면 爲亂하고
小人이 有勇而無禮면 爲盜니라』

直譯 공자가 말하기를,
"군자가 용맹만 있고 예의가 없으면 세상을 어지럽게 하고, 소인이 용맹만 있고 예의가 없으면 도둑이 되느니라."
고 하셨다.

解說 군자이건 소인이건 예로써 스스로를 철저히 단속하여 상도(常道)를 어기지 말아야 한다는 것이다.

訓音讀	勇 날랠 **용**	禮 예도 **례**	爲 할 **위**
	亂 어지러울 **란**	盜 도둑 **도**	

原文

曾子曰『朝廷엔 莫如爵이요 鄕黨엔 莫如齒요 輔世長民엔 莫如德이니라』

증자왈 조정 막여작 향당 막여치 보세장민 막여덕

直譯
증자가 말하기를,
"조정에는 지위보다 좋은 것이 없고, 한 고을에는 나이가 많은 사람보다 나은 이가 없으며, 나라 일을 잘하고 백성을 다스리는 것에는 덕(德)만한 것이 없느니라."
고 하셨다.

解說
지도자에게는 덕망이 가장 값진 것이라는 것이다.

註
증자(曾子: 서기전 506~ ?)
춘추(春秋) 시대 노(魯)나라의 사상가로 이름은 삼(參)이다. 안자(顔子), 공자(孔子), 맹자(孟子)와 더불어 네 성인으로 일컬어진다.

訓音讀
曾 일찍 증　　廷 조정 정　　鄕 마을 향
黨 무리 당　　齒 이 치　　輔 도울 보
德 큰 덕

原文

老少長幼는 天分秩序니
不可悖理而傷道也이니라

(노소장유 천분질서 불가패리이상도야)

直譯 늙은이와 젊은이, 어른과 아이는 하늘이 정한 차례이니 사물(事物)의 도리를 어기고 도(道)를 상하게 하지 못 하느니라.

解說 그 누구도 하늘이 정해 준 차례를 거역할 수는 없다는 것이다.

訓音讀
長 길 **장**　　秩 차례 **질**　　悖 거스를 **패**
傷 상할 **상**　　道 길 **도**

原文

出門如見大賓하고
出門如見大賓하고
入室如有人이니라
入室如有人이니라

直譯 밖에 나설 때는 큰 손님을 대하는 것같이 하고, 방으로 들 때는 사람이 있는 것 같이하라.

解說 사람이 예의를 갖추는 데는 내면적인 진실성과 태도의 성실성이 바탕을 이루고 일상 생활을 통하여 몸소 실천하는 것이 무엇보다 중요하다는 것이다.

訓音讀
如 같을 여   見 볼 견   賓 손 빈
室 집 실   有 있을 유

原文

약요인중아
若要人重我면

무과아중인
無過我重人이니라

直譯 만약 남이 나를 중하게 여김을 바란다면, 내가 먼저 남을 중히 여겨야 하느니라.

解說 사람은 상대적이다. 남이 나를 소중히 여기기를 바란다면 먼저 내가 남을 소중히 대해야 한다는 것이다.

訓音讀
若 같을 약　　要 구할 요　　重 무거울 중
我 나 아　　過 지날 과

原文

부불언자지덕
父不言子之德하며

자불담부지과
子不談父之過니라

直譯 아버지는 아들의 덕을 말하지 말 것이며, 자식은 어버이의 허물을 말하지 아니할지니라.

解說 부모는 자식을 자랑하지 말고, 자식은 부모의 잘못된 점을 말하지 말아야 한다는 것이다.

訓音讀
父 아비 **부**   言 말씀 **언**   德 덕 **덕**
談 말씀 **담**   過 허물 **과**

말을 조심하는 것을 가르치는 글

말이란 약이 될 수도 있고, 독이 될 수도 있는 양면성을 지니고 있다. 언어 생활은 그 사람의 교양이나 배움의 정도를 가장 정확하게 나타내는 것이기도 하다. 따라서 말이 우리의 생활에서 얼마나 중요한지는 새삼 언급할 필요도 없을 것이다. 이 말을 천금처럼 소중히 여기라는 금언들로 이루어져 있다.

原文

유회왈 언부중리 불여불언
劉會曰『言不中理면 不如不言이니라』

直譯 유회가 말하기를,
"말이 이치에 맞지 않으면, 말하지 아니함만 못 하느니라."

解說 말이 이치에 맞지 않으면 말하지 아니함만 못 하다는 것이다.

訓音讀 劉 성 **류**　　會 모을 **회**　　不 아닐 **불**
理 다스릴 **리**　　如 같을 **여**

原文

일언부중 천어무용
一言不中이면 千語無用이니라

直譯 한 마디 말이 이치에 맞지 않으면, 천 마디의 긴 말이라도 쓰일 데가 없느니라.

解說 말은 때와 장소, 상대방에 따라 이치에 맞아야 한다는 것이다.

訓音讀 言 말씀 **언**　　中 가운데 **중**　　千 일천 **천**
語 말씀 **어**　　無 없을 **무**

原文

^{군 평} ^왈 ^{구 설 자} ^{화 환 지 문}
君平이 **日『口舌者**는 **禍患之門**이요

^{멸 신 지 부 야}
滅身之斧也니라』

直譯 군평이 말하기를,
"입과 혀는 화(禍)와 근심의 근본이며, 몸을 망하게 하는 도끼와 같은 것이니 말을 삼가야 할지니라."
고 하셨다.

解說 입과 혀는 재앙과 근심의 가장 큰 원인이고 스스로를 망치는 수단이 되므로 말을 삼가야 한다는 것이다.

註 **군평(君平)**
전한(前韓) 무제(武帝) 때 사람으로 점술가이다.

訓音讀 平 평평할 **평**   禍 재앙 **화**   患 근심 **환**
         滅 멸할 **멸**   斧 도끼 **부**

原文

利人之言_은 煖如綿絮_{하고}
^{이인지언 난여면서}

傷人之語_는 利如荊棘_{하여}
^{상인지어 이여형극}

一言半句_에 重値千金_{이요}
^{일언반구 중치천금}

一語傷人_에 痛如刀割_{이니라}
^{일어상인 통여도할}

直譯 사람을 이롭게 하는 말은 따뜻하기가 솜과 같고, 사람을 상하게 하는 말은 날카롭기가 가시 같아서 한 마디 말이 사람을 이롭게 할 때에 중하기가 천금과 같고, 한 마디 말이 사람을 해롭게 할 때에 아프기가 칼로 베는 것과 같으니라.

解說 말은 삼가고 삼가할 일이라는 것이다.

訓音讀 綿 솜 면   絮 솜 서   荊 가시 형
　　　　 棘 가시나무 극   痛 아플 통

原文

逢人且說三分話하고
_{봉인차설삼분화}

未可全抛一片心이니
_{미가전포일편심}

不怕虎生三個口요
_{불파호생삼개구}

只恐人情兩樣心이니라
_{지공인정양양심}

直譯

사람을 만나거든 말을 10분에 3만 하되, 한 마디라도 자기의 마음속에 있는 것을 다 말하지 말지니, 호랑이가 세 번 입을 벌리는 것을 두려워하지 말고, 오직 사람의 두 마음을 두려워할지니라.

解說

거듭 말을 아끼고 아끼라는 것이다.

訓音讀

逢 만날 **봉**   抛 던질 **포**   個 낱 **개**
恐 두려울 **공**   樣 모양 **양**

주봉지기천종소
酒逢知己千鍾少요
화불투기일구다
話不投機一句多니라

直譯 술은 나를 잘 아는 친구를 만나면 천 잔을 마셔도 부족하지만, 말은 뜻이 맞지 않으면 한 마디도 많으니라.

解說 술을 함께 하는 것도, 대화를 함께 하는 것도 무엇보다 내 뜻을 알아주는 이와 하고, 서로 마음이 통하지 않으면 가능한 한 자리를 피하는 것이 낫다는 것이다.

訓音讀
酒 술 주   逢 만날 봉   鍾 술병 종
話 말씀 화   投 던질 투

교우편
交友篇

친구와의 사귐을 가르치는 글

인생에 있어서 벗이 차지하는 비중이 매우 크다는 말이다. 이처럼 소중한 우정에 관한 올바른 가르침과 그 중에서도 '학문을 좋아하는 사람과 동행하면 마치 안개 속을 가는 것과 같아서 비록 옷은 젖지 않아도 때때로 물기가 배어들고' 같은 대목은 참으로 탁월한 명문이라 할 것이다.

子曰
『與善人居에 如入芝蘭之室하여
久而不聞其香하되 卽與之化矣요
與不善人居에 如入鮑魚之肆하여
久而不聞其臭하되 亦與之化矣니
丹之所藏者는 赤하고
漆之所藏者는 黑이라 是以로 君子는
必愼其所與處者焉이니라』

直譯 공자가 말씀하시기를,
"착한 사람과 같이 살면 향기로운 지초와 난초가 있는 방 안에 들어간 것과 같아서 오래도록 그 냄새를 알지 못하나 곧 더불어 그 향기와 동화되고, 착하지 못한 사람과 같이 있으면 생선 가게에 들어간 것과 같아서 오래되면 그 나쁜 냄새를 알지 못하나 또한 더불어 동화되나니, 붉은 것을 지니고 있으면 붉어지고 옻(漆)을 지니고 있으면 검어지느니라. 그러므로 군자는 반드시 그 있는 곳을 삼가야 하느니라."
고 하셨다.

解說 좋은 친구와 오래 함께 하면 자신도 모르는 사이에 좋게 되고, 나쁜 친구와 오래 함께 하면 자신도 모르게 나쁘게 된다. 그리고 인간은 환경의 지배를 받기 때문에 좋은 곳과 좋은 점만을 보고 들어야 한다는 것이다.

訓音讀
芝 지초 **지**　　蘭 난초 **란**　　鮑 생선 **포**
肆 저자 **사**　　愼 삼갈 **신**　　處 곳　**처**

原文

家語_{가어}에 云_운

『與好學人同行_{여호학인동행}이면 如霧中行_{여무중행}하여

雖不濕衣_{수불습의}라도 時時有潤_{시시유윤}하고

與無識人同行_{여무식인동행}이면 如厠中坐_{여측중좌}하여

雖不汚衣_{수불오의}라도 時時聞臭_{시시문취}니라』

直譯 〈공자가어〉에 이르기를,
"학문을 좋아하는 사람과 동행(同行)한다면 마치 안개 속을 가는 것과 같아서 비록 옷은 적시지 않더라도 때때로 윤택함이 있고, 무식한 사람과 동행하면 마치 뒷간에 앉은 것 같아서 비록 옷은 더럽히지 않더라도 때때로 그 냄새가 맡아지느니라."

解說 학문을 좋아하는 사람과 가까이 하면 은연중에 자신도 학문에 정진하며, 무식한 사람과 함께 하면 자신의 학문도 낮아진다는 것이다.

訓音讀
好 좋을 호   霧 안개 무   露 이슬 로
濕 젖을 습   潤 젖을 윤   厠 뒷간 측
汚 더러울 오   臭 냄새 취

原文

相識이 滿天下하되

知心能幾人고

直譯 서로 얼굴을 아는 사람은 온 세상에 많이 있으되, 마음을 아는 사람은 몇이나 되겠는고.

解說 지기(知己)가 흔하지 않고 만나기가 쉽지 않다는 것이다.

訓音讀
相 서로 상   識 알 식   滿 찰 만
能 능할 능   幾 몇 기

273 교우편

原文

子曰『晏平仲은 善與人交로다
久而敬之온여』

자왈 안평중 선여인교
구이경지

直譯 공자가 말씀하시기를,
"안평중은 사람 사귀기를 잘한다. 한 번 사귀면 오래도록 공경하느니라."
고 하셨다.

解說 오래 사귀어도 흐트러짐이 없이 상대방을 공경하라는 것이다.

註 안평중(晏平仲)
춘추(春秋) 시대 제(齊)나라의 재상으로 이름은 영, 호가 평중이다.

訓音讀
- 晏 늦을 **안**
- 仲 버금 **중**
- 善 착할 **선**
- 與 더불 **여**
- 敬 공경할 **경**

原文

酒食兄弟_는 千個有_{로되}
<small>주식형제 천개유</small>

急難之朋_은 一個無_{니라}
<small>급난지붕 일개무</small>

直譯 서로 술이나 음식을 함께 할 때에는 형이니 동생이니 하는 친구가 많으나, 급하고 어려운 일을 당하였을 때에 도와줄 친구는 하나도 없느니라.

解說 마음을 터놓고 벗을 사귀기가 쉽지 않다는 것이다.

訓音讀 食 밥 식   個 낱 개   急 급할 급
　　　　 難 어려울 난   朋 벗 붕

原文

불결자화 휴요종
不結子花는 **休要種**이요
무의지붕 불가교
無義之朋은 **不可交**니라

直譯 열매를 맺지 않는 꽃은 심지 말고, 의리 없는 친구는 사귀지 말지니라.

解說 친구를 사귐에 있어서 의리의 소중한 불꽃을 간직하고 사귀어야 한다는 것이다.

訓音讀
結 맺을 **결**   花 꽃 **화**   休 쉴 **휴**
種 심을 **종**   義 옳을 **의**

原文

君子之交는 淡如水하고
_{군자지교}　_{담여수}

小人之交는 甘若醴니라
_{소인지교}　_{감약례}

直譯 군자의 사귐은 맑기가 물과 같고, 소인의 사귐은 달콤하기가 단술 같으니라.

解說 군자의 사귐은 물처럼 맑고 변함없으나, 소인의 사귐은 단술처럼 달콤하나 자기 이익과 편안함만을 추구한다는 것이다.

訓音讀
君 임금 군　　淡 맑을 담　　甘 달 감
若 같을 약　　醴 단술 례

原文

노요지마력
路遙之馬力이요
일구견인심
日久見人心이니라

直譯 길이 멀어야 말의 힘을 알 수 있고, 세월이 오래 지나야만 사람의 마음을 알 수 있느니라.

解說 사람은 오래 사귀어 보아야 진면목을 알 수 있고, 어려움을 겪어 보아야 진정한 마음을 알 수 있다는 것이다.

訓音讀
路 길 로　　遙 멀 요　　馬 말 마
久 오랠 구　　見 볼 견

부행편
婦行篇

아내의 도리를 가르치는 글

유교의 관념에 입각한 부녀자의 덕에 관한 글이다. 옛부터 집안의 아내와 어머니가 현숙한 덕을 고루 갖추고 있으면 그 남편과 아들이 입신출세할 것이요, 그렇지 못하면 그 집안은 일어서기 어렵다고 일컬어져 왔다. 가정 생활에서 부녀자가 반드시 갖추어야 할 총명과 부덕은 오늘의 현대 여성들에게도 크게 귀감이 되리라 믿는다.

原文

益智書_{익지서}에 云_운『女有四德之譽_{여유사덕지예}하니
一曰婦德_{일왈부덕}이요 二曰婦容_{이왈부용}이요
三曰婦言_{삼왈부언}이요 四曰婦工也_{사왈부공야}니라』

直譯 〈익지서〉에 이르기를,
"여자는 네 가지 덕의 아름다움이 있으니, 첫째는 부덕(婦德)을 말하고, 둘째는 부용(婦容)을 말하고, 셋째는 부언(婦言)을 말하며, 넷째는 부공(婦工)을 말하느니라."
고 하셨다.

解說 여자의 네 가지 덕목을 말하는 것이다. 첫째는 넉넉하고 너그러움, 둘째는 정숙한 자태와 몸가짐, 셋째는 부드러우면서도 분명한 말씨와 때에 맞는 대화 능력, 넷째는 가정살림을 슬기롭게 꾸려 나가는 것이다.

訓音讀 益 더할 익 智 슬기 지 德 덕 덕
　　　　 婦 며느리 부 容 얼굴 용

原文

婦德者_는 不必才名絶異_요
<small>부덕자 불필재명절이</small>

婦容者_는 不必顏色美麗_요
<small>부용자 불필안색미려</small>

婦言者_는 不必辯口利詞_요
<small>부언자 불필변구이사</small>

婦工者_는 不必技巧過人也_{니라}
<small>부공자 불필기교과인야</small>

直譯

부덕이라는 것은 반드시 재주와 이름이 뛰어남을 말하는 것이 아니요, 부용이라는 것은 반드시 얼굴이 아름답고 고움을 말함이 아니요, 부언이라는 것은 반드시 입담이 좋고 말 잘 하는 것이 아니요, 부공이라는 것은 반드시 손재주가 다른 사람보다 뛰어남을 말하는 것이 아니니라.

訓音讀

絶 끊을 절   顏 얼굴 안   麗 고울 렬
辯 말잘할 변   詞 말씀 사   技 재주 기
巧 공교할 교

_{기부덕자} _{청정염절} _{수분정제}
其婦德者는 **清貞廉節**하여 **守分整齊**하고

_{행지유치} _{동정유법}
行止有恥하며 **動靜有法**이니

_{차위부덕야} _{부용자} _{세완진구}
此爲婦德也요 **婦容者**는 **洗浣塵垢**하여

_{의복선결} _{목욕급시} _{일신무예}
衣服鮮潔하며 **沐浴及時**하여 **一身無穢**니

_{차위부용야} _{부언자} _{택사이설}
此爲婦容也요 **婦言者**는 **擇詞而說**하여

_{부담비례} _{시연후언}
不談非禮하고 **時然後言**하여

_{인불염기언} _{차위부언야}
人不厭其言이니 **此爲婦言也**요

_{부공자} _{전근방적} _{물호운주}
婦工者는 **專勤紡績**하고 **勿好暈酒**하며

_{공구감지} _{이봉빈객}
供具甘旨하여 **以奉賓客**이니

_{차위부공야}
此爲婦工也니라

直譯 부덕이라 함은, 맑고 절개가 곧으며 분수를 지키며 몸가짐을 고르게 하고 한결같이 얌전하게 행하고 행동을 조심하며 행실을 법도에 맞게 하는 것이니, 이것이 부덕이 되는 것이다. 부용이라 함은 먼지나 때를 깨끗이 빨아 옷차림을 정결하게 하며 목욕을 제때에 하여 몸이 더러움이 업게 하는 것이니, 이것이 부용이 되는 것이다. 부언이라 함은 말을 가려서 하며 예의에 어긋나는 말을 하지 않고 꼭 해야 할 때에 말해서 사람들이 그 말을 싫어하지 않는 것이니, 이것이 부언이 되는 것이다. 부공이라 함은 길쌈을 부지런히 하며 술을 빚어내기를 좋아하지 않고 좋은 맛을 갖추어서 손님을 접대하는 것이니, 이것이 부공이 되느니라.

訓音讀

貞 곧을 정	廉 청렴할 렴
整 정제함 정	齊 가지런할 제
鮮 고울 선	恥 부끄러울 치
洗 씻을 세	浣 빨 완
塵 먼지 진	垢 때 구
靜 고요할 정	浴 목욕 욕
沐 머리감을 목	潔 깨끗할 결
穢 더러울 예	擇 가릴 택
厭 싫을 염	紡 길쌈 방
績 길쌈 적	旨 뜻 지
暈 해·달무리 운	

原文

此^차四^사德^덕者^자는 是^시婦^부人^인之^지所^소不^불可^가缺^결者^자라
爲^위之^지甚^심易^이하고 務^무之^지在^재正^정하니
依^의此^차而^이行^행이면 是^시爲^위婦^부節^절이니라

直譯 이 네 가지 덕은 부녀자로서 하나도 빠질 수 없는 것인데, 행하기 매우 쉽고 힘씀이 바른 데 있으니, 이를 의지하여 행하여 나가나면 곧 부녀자로서의 범절이 되느니라.

訓音讀 缺 이지러질 결   務 힘쓸 무   依 의지할 의
　　　　 此 이 차　　　　節 예절 절

原文

太公이 曰『婦人之禮는 語必細니라』

直譯 태공이 말하기를,
"부인의 예절은 말소리가 반드시 조용하고 자세해야 하느니라."

解說 여자는 말을 천천히 하도록 가르쳐서 말이나 행동이 부드럽고 정숙하게끔 한다는 것이다.

訓音讀 婦 며느리 **부**　　禮 예도 **례**　　語 말씀 **어**
必 반드시 **필**　　細 가늘 **세**

原文

賢婦는 令夫貴요 惡婦는 令夫賤요

直譯 어진 부인은 남편을 귀(貴)하게 하고, 악한 부인은 남편을 천(賤)하게 하느니라.

解說 부인이 현명하게 내조하면 남편이 자신감을 갖고 바르게 처신한다는 것이다.

訓音讀 賢 어질 **현**　　令 거느릴 **령**　　貴 귀할 **귀**
惡 악할 **악**　　賤 천할 **천**

부행편

原文

가 유 현 처
家有賢妻면
부 부 조 횡 화
夫不遭橫禍니라

直譯 집에 어진 아내가 있으면 그 남편이 뜻밖의 화를 만나지 않으리라.

解說 아내가 내조를 잘 하면 가정이 안정되고 가장인 남편의 마음이 편하여 모든 일이 술술 잘 된다는 것이다.

訓音讀
家 집 **가**　　妻 아내 **처**　　遭 만날 **조**
橫 비낄 **횡**　　禍 재앙 **화**

原文

賢婦_{현부}는 和六親_{화육친}하고
佞婦_{영부}는 破六親_{파육친}이니라

直譯 어진 부인은 육친을 화목하게 하고, 간악한 부인은 육친의 화목을 깨뜨리느니라.

解說 좋은 아내는 가정을 화목하게 하고 그렇지 못한 아내는 가정을 화목하지 못하게 한다는 것이다.

訓音讀 賢 어질 **현** 婦 며느리 **부** 和 화할 **화**
親 친할 **친** 破 깨뜨릴 **파**

|알|기|쉬|운|

- 초판 1쇄 발행 2009. 5. 15.
- 초판 3쇄 발행 2013. 6. 10.

- 엮은이   해동한자어문회 편
- 기획편집   K&I 기획
- 디자인   김 영 숙

- 펴낸곳   아이템북스
- 펴낸이   박효완
- 주소   서울 마포구 서교동 444-15
- 등록   2001. 8. 7. 제2-3387호

※잘못된 책은 바꿔 드립니다.